FAUSTO SALDI

GUIDA AGLI ETF

Come Acquistare, Vendere e
Guadagnare con gli
Strumenti Finanziari Efficaci

Titolo

"GUIDA AGLI ETF"

Autore

Fausto Saldi

Editore

Bruno Editore

Sito internet

http://www.brunoeditore.it

ATTENZIONE: gli investimenti finanziari sono rischiosi

Le strategie riportate in questo libro sono frutto di anni di studi e specializzazioni, quindi non è garantito il raggiungimento dei medesimi risultati economici. I risultati passati ottenuti dall'autore non forniscono alcun tipo di garanzia per i guadagni futuri.

Il lettore si assume piena responsabilità delle proprie scelte economiche e finanziarie, consapevole dei rischi connessi a qualsiasi forma di investimento finanziario.

I casi di studio e gli esempi contenuti nel testo sono frutto di notizie e opinioni che possono essere modificate in qualsiasi momento senza preavviso e non costituiscono sollecitazione all'acquisto o alla vendita di valori mobiliari e al pubblico risparmio.

L'unico scopo è di fornire elementi di studio sull'andamento dei mercati, pertanto non possono essere considerate come previsioni certe e non mettono al riparo dal rischio insito nelle operazioni di investimento in titoli.

L'Autore e l'Editore declinano ogni responsabilità su eventuali inesattezze dei dati riportati, danni, perdite economiche, danni diretti o indiretti derivanti dall'uso o dalla divulgazione delle informazioni contenute in questo libro.

Fonti dati

I dati trattati in questo libro sono stati ricavati da:

- Vari giornali quotidiani
- Sito web Borsa Italiana

I grafici nel testo sono stati tutti realizzati dall'Autore
Ultimo inserimento dati: 20/04/2011
31/07/2012: Aggiornata parte fiscalità

Sommario

Introduzione

I primi tre ETF furono introdotti nel mercato borsistico italiano nel settembre 2002. Un anno dopo, il numero di ETF negoziati era salito a undici. Nel 2007 si superarono per la prima volta i cento, che aumentarono a duecento l'anno successivo e a trecento nel 2009. Attualmente, gli ETF negoziati sulla Borsa italiana assommano a oltre cinquecento e ogni giorno sono oggetto di decine di migliaia di contratti.

Queste cifre testimoniano il successo registrato dagli Exchange Traded Fund, un successo che continua tuttora. Quasi ogni mese nuovi ETF fanno il loro ingresso sul mercato e il patrimonio complessivo da essi gestito è in costante crescita, avendo oramai raggiunto gli oltre 18 miliardi di euro (dati Borsa italiana).

Tuttavia, è realistico affermare che la stragrande maggioranza dei risparmiatori e investitori privati (retail) italiani a oggi non abbia ancora, per varie ragioni, un'idea precisa degli ETF, ammesso che sia conscia della loro esistenza.

Eppure gli ETF si affiancano, come strumenti finanziari a disposizione di un investitore, ai comunemente noti titoli azionari, titoli obbligazionari e fondi comuni d'investimento. Inglobano diverse caratteristiche di tali prodotti, aggiungendone di proprie, e possono costituire un'ulteriore opzione di diversificazione per gli investitori. Gli ETF sono inoltre un prodotto finanziario in rapida evoluzione, che offre progressivamente nuove possibilità di investimento.

L'obiettivo di questo libro è fornire le informazioni fondamentali per comprendere gli ETF, di cui vengono esaminati potenzialità, modi di utilizzo e anche aspetti delicati, sui quali è opportuno prestare attenzione e accortezza. Queste nozioni possono indubbiamente contribuire ad aumentare la capacità di compiere una scelta consapevole e informata in tema d'investimenti finanziari.

Buona lettura,

Fausto Saldi

GIORNO 1:
Come capire facilmente gli ETF

Che cosa sono gli ETF?

Gli ETF sono strumenti d'investimento finanziario che racchiudono in sé caratteristiche sia dei fondi comuni d'investimento sia delle azioni. Infatti, un ETF è un fondo comune d'investimento (o una SICAV), che viene però quotato e negoziato direttamente in borsa.

Un ETF può pertanto essere acquistato o venduto in ogni momento della giornata borsistica, con le stesse modalità operative che si applicano a un titolo azionario od obbligazionario. Questa caratteristica fondamentale è alla base della sua denominazione: ETF è difatti l'acronimo dell'espressione inglese **Exchange Traded Fund**, che significa appunto "fondo comune negoziato (compravenduto) in borsa". Per tale ragione gli ETF vengono anche detti "fondi comuni quotati".

Dal punto di vista dell'investitore, anche privato, un ETF offre una maggiore maneggevolezza rispetto a un fondo comune tradizionale. Quest'ultimo, infatti, può venire acquistato o venduto solo presso la società emittente, mediante un ordine inviato attraverso un intermediario o agente (banca, SIM o promotore finanziario).

Al momento della richiesta di acquisto o rimborso, l'investitore non sa però a che prezzo (valore quota), l'operazione verrà effettivamente risolta. Questo perché il valore della quota viene per ogni fondo comune stabilito solo a fine di giornata.

Inoltre, fra l'ordine e la sua concreta evasione possono intercorrere anche più giorni, secondo il regolamento di ciascun fondo. Ne deriva che il valore quota effettivo della transazione può risultare diverso dal valore quota in essere alla data di trasmissione della richiesta. Tale differenza può anche risultare rilevante, specie in un periodo di spiccata volatilità dei mercati.

Una simile lunga incertezza non sussiste invece nel caso di un ETF. Per esso valgono, infatti, le stesse modalità di compravendita che si applicano a un titolo azionario: per ogni operazione si conoscerà quindi immediatamente il prezzo a cui è stata esitata sul mercato borsistico.

SEGRETO n. 1: un ETF è un fondo comune d'investimento (o una SICAV) negoziabile in Borsa con le stesse modalità di compravendita delle azioni.

In confronto a un titolo azionario, un ETF si presenta come uno strumento finanziario a minor rischio globale. È, infatti, a tutti gli effetti un fondo comune d'investimento o una SICAV e pertanto un'OICR, ossia un'organizzazione d'investimento collettivo del risparmio.

In particolare, un fondo comune d'investimento mobiliare è una cassa comune, regolata dalla legge, ove confluiscono i capitali di chi ne sottoscrive le quote. Ogni fondo è gestito da un soggetto autorizzato dalla legge, ossia una SGR (Società di Gestione del Risparmio) iscritta in un apposito albo, il cui patrimonio rimane distinto da quello del fondo.

Ciò significa che anche se la società di gestione fallisce, rimangono invece salve le somme depositate nel fondo, appunto perché distinte dai beni della SGR.

Diverso è evidentemente il caso delle azioni. Acquistandole si diventa, infatti, proporzionalmente "proprietari" dell'azienda cui si riferiscono e quindi soggetti al "rischio d'impresa". Se l'azienda fallisce, il valore delle sue azioni svanisce e non se ne può più chiedere il rimborso a nessuno.

In pratica, quindi, il rischio principale legato a un ETF è quello di mercato, costituito dalle variazioni di prezzo in relazione all'andamento del valore di azioni, obbligazioni o altro che costituiscono il cosiddetto "sottostante".

Se quindi compro un certo numero di quote di un ETF a un certo prezzo e poi le rivendo a un prezzo inferiore, è evidente che ci perdo dei quattrini, vivendo il rischio di mercato in modo negativo. Viceversa, rivendendo le quote a un prezzo superiore a quello di acquisto registro un guadagno (capital gain), con un rischio di mercato nell'occasione risolto a mio favore.

Un fondo comune, e quindi anche un ETF, offre però un importante elemento di sicurezza. La legge, infatti, stabilisce criteri di diversificazione del portafoglio, volti a minimizzarne il rischio. In base alla normativa che lo regola, un fondo comune non può, ad esempio, investire troppo denaro su un unico titolo, il che mette il suo patrimonio complessivo grandemente al riparo in caso di "collasso" di quel titolo.

Le stesse disposizioni di legge di tutela per i risparmiatori e di diversificazione degli investimenti valide per i fondi comuni, vigono anche per le SICAV, società a capitale variabile, altra tipologia di strumento finanziario in cui può rientrare un ETF. Le SICAV presentano una differenza giuridica rispetto ai fondi comuni, risiedente nel fatto che un loro sottoscrittore non acquisisce le quote di una cassa comune, ma direttamente le azioni di capitale societario, che sono in pratica la forma che ivi assume la cassa comune.

SEGRETO n. 2: gli ETF non sono soggetti al rischio "emittente"; con essi si corre solo il rischio "di mercato" legato alle oscillazioni di valore del sottostante e dei prezzi.

Oltre al fatto di essere negoziabili in borsa, gli ETF differiscono dai fondi comuni "tradizionali" anche per l'essere "indicizzati" e a gestione "passiva" anziché "attiva".

Un fondo comune viene trattato attivamente dal suo gestore, la SGR, allo scopo di ottimizzarne la performance complessiva. Ciò significa che il gestore cercherà di implementare al meglio delle proprie capacità una composizione del portafoglio variabile nel tempo, in funzione dell'andamento dei singoli titoli selezionati e selezionabili, delle proprie metodologie e delle proprie convinzioni circa l'evoluzione del mercato.

Questo non vale invece per un ETF, che per sua natura deve "soltanto" replicare l'andamento di un **indice di mercato** (benchmark) preso come riferimento. Tale indice di mercato può essere borsistico, come lo FTSE MIB della Borsa italiana o il Dow Jones statunitense, o basarsi su altre entità finanziarie.

Il gestore di un ETF deve quindi comporne il portafoglio con un paniere di titoli atti a replicare l'andamento dell'indice, senza doversi "sforzare" di fare meglio di questo. Per tale ragione, nel mondo anglosassone, gli ETF sono conosciuti anche sotto la denominazione di “trackers”, ossia prodotti finanziari che “seguono” fedelmente le tracce di un indice di riferimento.

SEGRETO n. 3: acquistando un ETF si investe su un indice di mercato finanziario, ovvero sul suo sottostante, e sulle aspettative di performance futura che se ne hanno.

La gestione passiva richiede meno risorse dedicate e risulta di conseguenza meno dispendiosa di quella attiva. Perciò un ETF presenta per il suo sottoscrittore commissioni di gestione inferiori a quelle di un fondo comune operante su un’analoga tipologia di prodotti finanziari, quali azioni, obbligazioni o altro. Un ETF inoltre non addebita commissioni di entrata, di uscita o di performance, che possono invece gravare su un fondo comune.

Le possibilità d’investimento finanziario accessibili con gli ETF risultano ampliate, rispetto ai tradizionali fondi comuni, tramite gli **ETF strutturati**. Questi ultimi possono ricorrere a tecniche finanziarie più complesse rispetto alla sola clonazione dell’andamento di un indice di riferimento.

Vi sono ad esempio ETF strutturati che permettono di sfruttare il cosiddetto **effetto leva**, in virtù del quale le variazioni risultano dilatate di una o più volte in confronto al mercato.

Ciò significa che, se sul mercato i prezzi registrano per esempio un aumento del 5%, il valore di quota dell'ETF si incrementerà all'incirca del 10%, ossia del doppio, se tale è l'effetto leva previsto dall'ETF in questione. Va tenuto presente che lo stesso vale anche per i movimenti negativi, accentuando in tali casi la perdita rispetto all'indice.

Oltre agli ETF strutturati "a leva", ve ne sono altri basati sulla modalità cosiddetta "**short**" (corta), che sviluppano un andamento opposto a quello dei valori di mercato. Ciò può consentire di trarre vantaggio anche dalle fasi negative dei prezzi.

Altri ETF strutturati implementano strategie tese a proteggere parzialmente il capitale e possono anche combinare più d'una delle strategie sopra menzionate, ad esempio applicando l'effetto leva anche alla modalità short.

SEGRETO n. 4: gli ETF strutturati offrono la possibilità di moltiplicare i profitti e di guadagnare anche nelle fasi negative del mercato.

Un'altra caratteristica degli ETF è che possono essere a "distribuzione" o "accumulo" dei proventi. Nel primo caso, i dividendi eventualmente corrisposti dalle azioni in portafoglio verranno accreditati periodicamente sul conto corrente bancario dell'investitore, una o più volte l'anno.

Lo stesso comportamento seguirà anche un ETF obbligazionario, per gli interessi maturati sui titoli in paniere. Un ETF ad "accumulo" dei proventi aggiunge invece automaticamente dividendi o interessi al patrimonio gestito.

SEGRETO n. 5: tramite gli ETF a distribuzione dei proventi è possibile crearsi una rendita periodica.

Nel prospetto informativo di un ETF viene sempre dichiarato se esso è a distribuzione oppure ad accumulo dei dividendi o interessi, per cui è opportuno prenderne visione prima di sottoscriverlo. Nel tempo però un ETF può variare la sua politica in tema di gestione dei dividendi e passare quindi dalla capitalizzazione alla distribuzione, o viceversa.

Per gli ETF trattati in questo testo viene indicata la loro forma attuale di gestione dei dividendi, che è, per quanto sopra detto, soggetta a possibili variazioni nel futuro.

Gli ETF hanno visto la luce negli anni ’90 del secolo scorso negli Stati Uniti e sono per la prima volta approdati sulla Borsa Italiana nel 2002. Il loro numero è andato costantemente crescendo, sicché oggi essi coprono una grande varietà di tecniche e strumenti finanziari, di aree geografiche e di settori economici, secondo la composizione del loro sottostante.

La maggior parte risulta legata all’ambito azionario, pur non mancando ed anzi, essendo in aumento, anche quelli obbligazionari.

Gli ETF trattati su Borsa italiana, nel mercato ETFplus, sono attualmente suddivisi, in funzione del loro sottostante, nelle seguenti aree generali (le cifre tra parentesi indicano il numero di ETF per ciascuna categoria):

- azionari Italia (7);
- azionari Europa - Area (43);
- azionari Europa - Singoli Paesi (12);
- azionari Nord America (35);
- azionari Pacifico (20);
- azionari Mondo (12);
- azionari Paesi Emergenti - Africa e Medio Oriente (5);
- azionari Paesi Emergenti - Asia (32);
- azionari Paesi Emergenti - Centro e Sud America (12);
- azionari Paesi Emergenti - Est Europa (11);
- azionari Paesi Emergenti - Mondo (13);
- azionari Settoriali - Emergenti (5);
- azionari Settoriali - Sviluppati (73);
- azionari Style (26);
- azionari Tematici (26);
- commodities (13);
- indici di Credito (10);
- indici di Valute (1);

- real Estate (12);
- inflazione (9);
- liquidità (10);
- obbligazionari Corporate (14);
- obbligazionari Misti (1);
- obbligazionari Titoli di Stato - Emergenti (4);
- obbligazionari Titoli di Stato - Euro (45);
- obbligazionari Titoli di Stato - Mondo (1);
- obbligazionari Titoli di Stato - Non Euro (10).

Vi sono inoltre gli ETF strutturati, così suddivisi:

- azionari Short - Paesi Emergenti (2);
- azionari Short - Paesi Sviluppati (23);
- buywrite - Covered Call (2);
- leveraged Long (18);
- leveraged Short (14);
- obbligazionari Leveraged Short (1);
- obbligazionari Short (7);
- protective Put (1).

Il numero totale di ETF negoziati su Borsa italiana è quindi, attualmente pari a 530. Gli ETF sono acquistabili e vendibili per una quantità minima (lotto minimo) di una sola azione (quota). In pratica, quindi, si può dire che per essi non esista lotto minimo di acquisto. Il valore di una quota di ETF è per lo più compreso fra pochi euro e 150 euro.

SEGRETO n. 6: per investire in ETF non sono richiesti capitali ingenti.

Tutti gli ETF negoziati su Borsa italiana sono denominati in euro, ossia vengono valorizzati secondo la divisa europea nelle operazioni di compravendita. Occorre però fare attenzione al fatto che l'indice benchmark di riferimento può invece basarsi su una divisa diversa dall'euro, ad esempio sul dollaro statunitense, con conseguente "rischio di cambio". Tale situazione si ha allorché le azioni o gli altri strumenti finanziari che sottostanno all'indice sono denominati in divise differenti dall'euro, come è appunto per esempio il caso di azioni americane.

Quando la divisa dell'indice non coincide con l'euro, l'andamento del prezzo dell'ETF viene influenzato, oltre che dalle variazioni dell'indice di riferimento, anche dalle fluttuazioni del cambio della divisa estera nei confronti dell'euro. In simili casi quindi si corre il rischio di cambio. Se lo si vuole evitare, allora bisogna aver cura di investire in ETF il cui indice benchmark sia in euro. Per verificare se l'indice di un ETF è in euro oppure no, è sufficiente consultare il prospetto informativo o la scheda sintetica, reperibili online sui siti delle società emittenti e su quello di Borsa italiana.

Fra tutti gli ETF negoziabili in Borsa, non tutti sono egualmente trattati dagli investitori. Alcuni possono, infatti, essere oggetto quotidianamente di centinaia o migliaia di operazioni di acquisto e vendita (contratti), mentre altri possono registrare solo pochi movimenti giornalieri, a volte perfino nessuno. Gli ETF scarsamente trattati sono definiti "poco liquidi".

Sulla base delle proprie preferenze ed esigenze, prima di selezionare un ETF su cui operare può quindi essere opportuno verificarne il grado di movimentazione tipica sul mercato. Va tenuto infatti presente che un ETF poco liquido potrebbe subire

oscillazioni di prezzo più violente. Inoltre potrebbe risultare più difficile compravenderlo a prezzi vicini a quelli desiderati.
Il regolamento degli ETF prevede comunque che per ciascuno di essi sia presente sul mercato un operatore **market maker** che garantisca la presenza nel book ordini di negoziazione di almeno un prezzo **denaro** (per acquisto) e di un prezzo **lettera** (per vendita), fra loro diversi per uno **spread** (scarto) massimo predefinito.

Al market maker, possono affiancarsi anche altri **liquidity provider**, che però, a differenza del primo, non sono obbligati a quotare un numero minimo di azioni dell'ETF sul mercato. La presenza obbligatoria di un market maker e quella eventuale di ulteriori liquidity provider fa sì che ogni ETF sia in realtà sempre compravendibile per un investitore, anche in assenza in quel dato momento di altri "veri" compratori o venditori.

Trattamento fiscale degli ETF

Si definiscono "armonizzati" gli ETF aderenti alle direttive europee, fra cui quelle riguardanti la diversificazione degli investimenti, in materia di organismi di investimento collettivo del risparmio (OICR). Tutti gli ETF oggi quotati su Borsa italiana sono armonizzati. Possono invece non esserlo quelli presenti su Borse estere, in particolare extra europee. Per sapere se un ETF è armonizzato oppure no è sufficiente consultarne il prospetto informativo.

Il risparmiatore privato che investa in ETF "armonizzati" in regime di risparmio amministrato non deve fiscalmente fare nulla. I suoi guadagni da ETF vengono, infatti, automaticamente assoggettati dall'intermediario (banca o altra società finanziaria) all'aliquota sostitutiva prevista dalla legge e non vanno inseriti nella dichiarazione annuale dei redditi.

Come disposto dal decreto legge n. 138/2011 e successiva legge di conversione n. 148/2011, la tassazione dei redditi di natura finanziaria (le cosiddette "rendite finanziarie") è in generale stata innalzata al 20% a partire dall'1 gennaio 2012, dal precedente 12,50%. Tuttavia, per i redditi finanziari conseguiti su Titoli di Stato italiani o fiscalmente equiparati, quali i titoli di Paesi 'White List', l'aliquota fiscale del 20% va calcolata solo sul 62,50% del reddito percepito, il che in pratica corrisponde ad un'aliquota reale del 12,50% rispetto al 100% del reddito.

Gli ETF possono detenere in varia misura nel proprio paniere strumenti finanziari diversi, alcuni dei quali ora, per quanto sopra, pienamente tassati al 20%, mentre altri al 12,50%.

Il Ministero dell'Economia e delle Finanze, con apposito decreto attuativo del 13 dicembre 2011, ha stabilito che per gli OICR, categoria di prodotti finanziari in cui rientrano anche gli ETF, l'aliquota di tassazione dei redditi con essi conseguiti tenga conto della proporzione nel portafoglio fra titoli di stato italiani ed equiparati, a tassazione ridotta, ed altri strumenti finanziari, come ad esempio obbligazioni societarie ed azioni, su cui vige la tassazione piena.

In particolare, al riguardo va considerata la media di suddivisione del portafoglio risultante dalle ultime due situazione ufficiali redatte dall'OICR, che in genere corrispondono a relazione semestrale e rendiconto annuale e sono di norma consultabili sul sito web della società emittente l'ETF.

Quindi in pratica la percentuale di tassazione dei proventi da ETF oscillerà nel tempo fra un minimo del 12,50%, nel caso il portafoglio dell'ETF risulti interamente costituito nelle ultime due rilevazioni ufficiali da titoli di stato italiani od equiparati, e un massimo del 20%, qualora in entrambe le ultime due rilevazioni il portafoglio dell'ETF sia totalmente sprovvisto di titoli di stato italiani o fiscalmente assimilabili.

SEGRETO n. 7: in regime di risparmio amministrato i guadagni da ETF armonizzati sono soggetti all'imposta sostitutiva prevista dalla legge, applicata dall'intermediario, e non vanno indicati in dichiarazione dei redditi.

Oltreché essere soggetti all'imposizione fiscale sopra descritta sui proventi con essi maturati, gli ETF che si posseggono concorrono alla determinazione dell'imposta di bollo proporzionale, che è in pratica un'imposta di natura patrimoniale, in vigore dall'1 gennaio 2012, introdotta dal decreto legge 201/2011 convertito con la legge 214/2011. Si tratta di un'imposta di bollo gravante su tutti i tipi di investimento finanziario, esenti soltanto i buoni postali fruttiferi il cui valore di rimborso sia complessivamente inferiore a 5.000 euro ed esclusi i fondi pensione ed i fondi sanitari.

Detta imposta di bollo è per il 2012 pari all'1 per mille (0,1%), su base annuale, del valore di mercato dei propri investimenti finanziari alla data del rendiconto periodicamente inviato dagli

intermediari finanziari (banche, SIM) ai loro clienti. Nell'eventuale mancanza di un valore di mercato, viene considerato il valore nominale o di rimborso.
A decorrere dal 2013, l'aliquota dell'imposta di bollo è prevista dell'1,5 per mille (0,15%).
L'importo minimo su base annuale dell'imposta di bollo sugli investimenti finanziari da pagare per ogni comunicazione è di € 34,20 e quello massimo di € 1.200. Quest'ultimo tetto non vale però più dal 2013.

Dalla compravendita di un ETF possono scaturire due tipi di reddito: un **reddito da capitale** e un **reddito diverso**.

Per comprendere e controllare i conteggi in merito eseguiti dall'intermediario, può risultare utile avere una cognizione più approfondita del sistema di tassazione degli ETF, come da panoramica a seguire. Essa concerne il regime del risparmio amministrato, che è quello di gran lunga più comune tra gli investitori privati italiani.
L'investitore neofita, che per le prime volte riceva dall'intermediario i resoconti della tassazione per le

compravendite di ETF effettuate, può rimanere "confuso" di fronte alle cifre riportate, perché non ha conoscenza della normativa fiscale in vigore. Può addirittura giungere a pensare istintivamente, seppure di norma infondatamente, che la banca abbia "sbagliato i conteggi".

Il reddito da capitale è dato dalla differenza fra il NAV dell'ETF nel giorno in cui lo si è venduto (Nv) e il suo NAV nel giorno in cui lo si è acquistato (Na). Tale differenza viene spesso denominata "delta NAV".

Il NAV (Net Asset Value) è il valore ufficiale per quota (azione) di un ETF e viene calcolato quotidianamente al termine della giornata borsistica. Esprime il patrimonio netto globale dell'ETF, diviso per il numero totale di sue quote in circolazione, e viene pubblicato ogni giorno sui quotidiani e siti web finanziari.
Sul reddito da capitale (Nv–Na) viene applicata dall'intermediario l'imposta sostitutiva. Qualora il delta NAV sia inferiore a zero, ossia il NAV al momento della vendita sia più basso di quello al momento dell'acquisto, allora il reddito da capitale va inteso pari a zero.

Ciò significa che con gli ETF non si possono avere minusvalenze, da portare in detrazione sull'imposta di operazioni successive, su redditi da capitale negativi, appunto perché vanno equiparati a zero. Inoltre, il reddito da capitale da ETF, se maggiore di zero, viene comunque totalmente assoggettato all'imposta sostitutiva, anche se si hanno minusvalenze finanziarie di altra origine. Su un ETF è reddito da capitale anche il provento determinato dalla distribuzione dei dividendi, se prevista dall'ETF.

In una compravendita di ETF, oltre ai NAV entrano in gioco altri due elementi essenziali, ossia il **prezzo di vendita** (Pv) e il **prezzo di acquisto** (Pa), quali scaturiti nella contrattazione borsistica. La differenza fra il prezzo di vendita e il prezzo di acquisto (delta Prezzi), diminuita del reddito da capitale (delta NAV), costituisce il reddito diverso sulla compravendita dell'ETF. Il reddito diverso rappresenta il capital gain, se positivo, o il capital loss, se negativo, della transazione acquisto-vendita.

Nel caso la vendita dell'ETF avvenga nello stesso giorno del suo acquisto, allora non si ha variazione di NAV e non si genera alcun reddito da capitale, per cui l'unico reddito originabile dalla compravendita è in tal caso il reddito diverso. Anche il reddito diverso è soggetto all'imposta sostitutiva.

Reddito da Capitale = Nv–Na *(ma uguale a 0 se Nv < Na)*
Reddito Diverso = (Pv–Pa)–Reddito da Capitale

Come in precedenza descritto, l'aliquota di tassazione "reale" di un ETF può oscillare fra un minimo del 12,50% ed un massimo del 20%: quest'ultima aliquota è quella che viene utilizzata negli esempi a seguire.

Esempio 1:	
NAV nel giorno di vendita (Nv) = 62	
NAV nel giorno di acquisto (Na) = 60	
Reddito da Capitale = 62–60 = 2	Imposta 2*20% = 0,40
Prezzo di vendita (Pv) = 64	
Prezzo di acquisto (Pa) = 59	
Reddito Diverso = 64–59–2 = 3	Imposta 3*20% = 0,60

Esempio 2:

NAV nel giorno di vendita (Nv) = 62

NAV nel giorno di acquisto (Na) = 63

Reddito da Capitale = 62–63 = -1 → si considera pari a 0

Prezzo di vendita (Pv) = 64

Prezzo di acquisto (Pa) = 61

Reddito Diverso = 6–61–0 = 3 Imposta 3*20% = 0,60

Esempio 3:

NAV nel giorno di vendita (Nv) = 62

NAV nel giorno di acquisto (Na) = 66

Reddito da Capitale = 62–66 = -4 → si assume pari a 0

Prezzo di vendita (Pv) = 63

Prezzo di acquisto (Pa) = 65

Reddito Diverso = 63–65–0 = -2

In un caso come quest'ultimo di minusvalenza sul reddito diverso, non si ha pagamento d'imposta. La minusvalenza verrà portata in detrazione, fino al suo esaurimento, sulle successive operazioni finanziarie chiuse positivamente, a diminuzione della loro plusvalenza e imposta conseguente.

Esempio 4:

NAV nel giorno di vendita (Nv) = 65

NAV nel giorno di acquisto (Na) = 64

Reddito da Capitale = 65–64 = 1 Imposta 1*20% = 0,20

Prezzo di vendita (Pv) = 63

Prezzo di acquisto (Pa) = 65

Reddito Diverso = 63–65–1 = -3

In questo caso, l'imposta sul reddito da capitale viene addebitata, anche se si ha un reddito diverso negativo. Per quest'ultimo non si ha, come nel caso precedente, pagamento d'imposta e la minusvalenza verrà portata in detrazione, fino al suo esaurimento, sulle successive operazioni finanziarie chiuse positivamente, a diminuzione della loro plusvalenza e imposta conseguente.

Riassumendo, con gli ETF i redditi diversi sono compensabili con le eventuali minusvalenze determinatesi in precedenza, mentre non lo sono i redditi da capitale, la cui imposta è sempre da pagare in toto. Inoltre, i redditi diversi negativi sono detraibili come minusvalenze da successive operazioni finanziarie chiuse positivamente, mentre ciò non si può fare con i redditi da capitale negativi, in quanto, se tali, vanno ricondotti a zero. Fortunatamente, comunque, come già accennato, in regime di risparmio amministrato e in presenza di ETF armonizzato è l'intermediario che effettua tutti i calcoli e applica sul reddito da capitale e sul reddito diverso l'imposta sostitutiva. Il risparmiatore non deve riportare nulla in dichiarazione dei redditi.

Sempre in presenza di regime di risparmio amministrato, qualora invece l'ETF non sia armonizzato, si hanno due diverse modalità di tassazione, secondo il tipo di reddito. In particolare, sui redditi diversi permane l'imposta sostitutiva curata dall'intermediario. Sui redditi da capitale, invece, l'intermediario applica non un'imposta sostitutiva, ma una semplice ritenuta d'acconto. I redditi da capitale vanno poi a tempo debito riportati dall'investitore nella propria dichiarazione dei redditi, per essere assoggettati all'aliquota d'imposta progressiva massima assegnabile al proprio reddito IRPEF (aliquota marginale). Tale aliquota attualmente varia, secondo lo scaglione di imponibile più alto raggiunto, dal 23% al 43% ed è quindi meno conveniente rispetto all'imposta sostitutiva, compresa in termini reali fra il 12,50% ed il 20%, valida per i redditi da ETF armonizzati.

RIEPILOGO DEL GIORNO 1:

- SEGRETO n. 1: un ETF è un fondo comune d'investimento (o una SICAV) negoziabile in Borsa con le stesse modalità di compravendita delle azioni.
- SEGRETO n. 2: gli ETF non sono soggetti al rischio "emittente"; con essi si corre solo il rischio "di mercato" legato alle oscillazioni di valore del sottostante e dei prezzi.
- SEGRETO n. 3: acquistando un ETF si investe su un indice di mercato finanziario, ovvero sul suo sottostante, e sulle aspettative di performance futura che se ne hanno.
- SEGRETO n. 4: gli ETF strutturati offrono la possibilità di moltiplicare i profitti e di guadagnare anche nelle fasi negative del mercato.
- SEGRETO n. 5: tramite gli ETF a distribuzione dei proventi è possibile crearsi una rendita periodica.
- SEGRETO n. 6: per investire in ETF non sono richiesti capitali ingenti.
- SEGRETO n. 7: in regime di risparmio amministrato i guadagni da ETF armonizzati sono soggetti all'imposta sostitutiva applicata dall'intermediario e non vanno indicati in dichiarazione dei redditi.

GIORNO 2:
Come e quanto si può guadagnare

Gli ETF non sono tutti uguali

Il guadagno ottenibile con un ETF dipende dall'andamento nel tempo dell'indice di riferimento e pertanto dalla variazione delle quotazioni sul mercato dei prodotti finanziari, il cosiddetto "sottostante", che ne costituisce il portafoglio e ne determina il NAV (Net Asset Value). A ciò si aggiunge l'oscillazione quotidiana del prezzo dell'ETF sul mercato borsistico. Come approfondiremo più avanti, in un dato momento NAV e prezzo borsistico dell'ETF possono essere fra loro diversi, pur tendendo sempre il secondo a riaccostarsi al primo.

Per valutare le possibilità di guadagno che si hanno con un ETF, esaminiamo come esempio il seguente grafico, che esprime l'andamento dei prezzi giornalieri di chiusura nel corso del 2009 del Db-X-Trackers Ftse Mib Index Etf, che replica l'indice azionario Ftse Mib di Borsa Italiana.

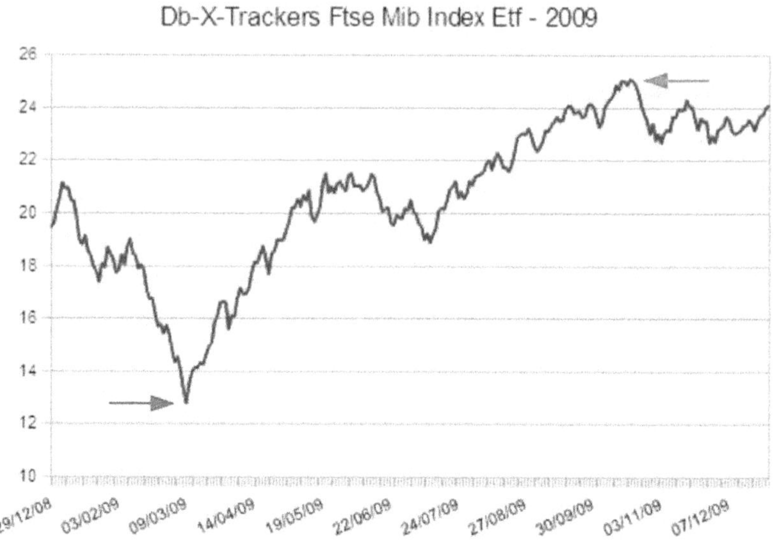

Come si può notare, dal minimo di 12,70 euro del 9 marzo, indicato dalla freccia rossa in basso a sinistra, il prezzo è poi salito pressoché costantemente, fino a toccare il massimo di periodo di 25,11 euro il 19 ottobre (freccia verde in alto a destra), con un incremento del **+96,33%**.

Ponendo ad esempio che il 9 marzo si fossero investiti 10.000 euro, il 19 ottobre questi sarebbero diventati 19.633, con un profitto lordo di 9633 euro, dai quali andrebbe detratta l'imposta del 12,50%, allora vigente, per un guadagno netto di 8428,88 euro.

Se però l'ETF non fosse stato venduto il giorno del suo prezzo massimo, il guadagno teorico fin lì conseguito sarebbe stato decrementato dalla successiva diminuzione del prezzo. Il guadagno effettivo è pertanto solo quello che si determina al momento della vendita dell'ETF ed è rappresentato dalla differenza fra il prezzo di vendita e quello d'acquisto, moltiplicata per il numero di quote compravendute (capital gain).

SEGRETO n. 8: su un ETF si guadagna vendendolo a un prezzo superiore rispetto a quello a cui lo si è acquistato.

Qualora invece il prezzo di vendita sia inferiore a quello di acquisto, allora anziché un profitto si riscontrerà una perdita (capital loss). Essa sarà pari alla differenza negativa fra prezzo di vendita e prezzo d'acquisto, moltiplicata per la quantità di quote trattate.

Come esempio, esaminiamo il grafico seguente, relativo sempre al Db-X-Trackers Ftse Mib Index Etf per il periodo dal 15 febbraio del 2007 al 30 giugno 2009.

Nel grafico si vede come il prezzo dell'ETF sia fluttuato dal massimo di 44,59 euro del 21 maggio 2007 (freccia verde in alto a sinistra) a un minimo di 12,79 euro il 9 marzo 2009 (freccia rossa in basso a destra). La variazione negativa è quindi stata di ben il **-71,32%**.

Rinnovando l'esempio precedente dei 10.000 euro, investiti questa volta in occasione del massimo, al momento del minimo essi si sarebbero ridotti a 2868 euro, con una perdita all'atto dell'eventuale vendita di 7132 euro, da portare in detrazione a livello fiscale come minusvalenza sulle plusvalenze di future operazioni positive.

Vediamo ora un ulteriore esempio, in relazione stavolta a un ETF obbligazionario. Consideriamo il Lyxor ETF EuroMTS 5-7 Y, che replica l'indice benchmark EuroMTS 5-7 Y. Tale indice, calcolato da EuroMTS Limited, è composto di titoli di debito denominati in euro, emessi da governi di uno stato membro dell'Unione Monetaria Europea, quotati sui mercati MTS e aventi scadenza compresa tra 5 e 7 anni.

Dal grafico risulta che nel periodo che va dal 13 giugno 2007 al 14 ottobre 2010 il prezzo dell'ETF è salito da 98,56 a 125,43 con un incremento del **+27,26%**, che corrisponderebbe al guadagno percentuale lordo teorico laddove si fosse acquistato e poi venduto l'ETF in tali date. Nel lasso temporale dal 17 marzo 2008 al 19 giugno 2008 il prezzo dell'ETF è invece diminuito, come qui sotto evidenziato, da 107,40 a 101,81 euro, con un calo pari al **-5,20%**, che costituirebbe la perdita percentuale patita se l'ETF fosse stato acquistato e venduto nelle date testé citate.

In conclusione, dagli esempi sopra riportati, riguardanti rispettivamente un ETF azionario e un obbligazionario, si può desumere come l'entità di guadagno o perdita sia strettamente legata ai momenti di acquisto e vendita.

In particolare, se l'acquisto viene eseguito quando il prezzo dell'ETF è in un suo momento di massimo, allora bisognerà probabilmente attendere più tempo per poter conseguire un guadagno significativo o anche solo per riuscire a recuperare l'eventuale calo dei prezzi successivo.

Al guadagno ottenibile con un ETF, in caso di variazione positiva del prezzo di vendita rispetto a quello d'acquisto, va aggiunto anche quanto percepito periodicamente come liquidazione dei proventi (dividendi o interessi) che via via maturano sull'ETF.

Tali introiti "di cassa" hanno luogo però solo se la politica dell'ETF prevede la distribuzione periodica di simili proventi, anziché la loro capitalizzazione a vantaggio del patrimonio complessivo del fondo (e quindi anche della sua quota NAV).

Per esempio, il Db-X-Trackers Ftse Mib Index Etf sopra considerato nel periodo 2007-2010 ha distribuito i seguenti proventi in euro per azione (quota): 1,232 in data 05/11/07, 1,145 il 29/08/08, 0,626 il 31/07/09 e 0,990 il 30/07/10.

In totale quindi nei quattro anni considerati l'ETF ha distribuito ai sottoscrittori 3,993 euro di dividendi per quota, pari a più del 14% rispetto al prezzo medio giornaliero di 27,77 euro tenuto dall'ETF nello stesso lasso temporale.

SEGRETO n. 9: si possono ricevere introiti periodici dagli ETF che prevedono la distribuzione dei proventi derivanti da dividendi azionari e interessi obbligazionari.

L'altro ETF trattato nei grafici sopra esposti, il Lyxor ETF EuroMTS 5-7 Y, non prevede nella sua politica la distribuzione periodica dei dividendi, che vengono invece capitalizzati nel patrimonio del fondo. In questo caso, quindi, l'effettivo guadagno conseguibile è ricavabile unicamente dal grado di successo delle operazioni di compravendita.

Che tipo di ETF fa per te?

Negli esempi fin qui descritti, abbiamo visto come l'ETF azionario Italia abbia registrato, nel periodo trattato, una fase di incremento di oltre il +96% e una di calo del -71%. Dal canto suo, l'ETF obbligazionario esaminato ha presentato una crescita del +27% e una diminuzione del -5%.

Un numero tanto limitato di casi, pur non essendo esaustivo, è comunque sufficiente per comprendere come i prezzi degli ETF oscillino in diversa misura in base al tipo di sottostante. In particolare, di norma gli ETF azionari sono soggetti a variazioni di prezzo, positive o negative, di più ampia portata in confronto a quelli obbligazionari. Più grandi sono tali variazioni e maggiore è la cosiddetta "volatilità" dello strumento finanziario.

È importante avere ben presente il fattore volatilità in funzione della propria predisposizione al rischio, sotto l'aspetto sia patrimoniale sia psicologico. Prodotti finanziari più volatili possono, infatti, permettere di conseguire maggiori guadagni, se tutto va bene, ma anche di soffrire perdite ingenti e, nei casi peggiori, persino catastrofiche.

SEGRETO n. 10: prima di acquisire un prodotto finanziario occorre avere una chiara idea del suo livello di volatilità e del conseguente grado di rischio che può comportare.

Se il grado di rischio di un investimento risulta troppo elevato per la propria situazione economica presente e futuribile, nonché per il proprio equilibrio psicologico, è meglio lasciar perdere, optando per un'alternativa più tranquilla.

Nel grande gruppo degli ETF azionari sussistono comunque diversi livelli di volatilità, a seconda delle aree geografiche e dei settori economici cui si riferiscono le azioni che compongono il singolo paniere. La stessa osservazione vale anche per gli ETF obbligazionari o di altro sottostante. A tale riguardo, di seguito vengono riportati gli andamenti, con le relative oscillazioni di prezzo, di più ETF azionari e obbligazionari per il periodo 2007-2010.

Iniziamo con il già noto **Db-X-Trackers Ftse Mib Index Etf** (codice di negoziazione: XMIB), che ora rivediamo in una panoramica globale per l'intero quadriennio che va dal 2007 al

2010. Questo ETF, a distribuzione annuale dei dividendi, è basato sull'indice azionario FTSE MIB di Borsa italiana, denominato in euro. L'indice FTSE MIB misura la performance azionaria di quaranta società di primaria importanza quotate su Borsa italiana, con l'intento di replicare la rappresentazione settoriale dell'intero mercato.

Come si rileva dal grafico, il Db-X-Trackers Ftse Mib Index Etf ha registrato nella prima parte del quadriennio un calo di prezzo fino al **-71,32%**, rispetto al massimo del maggio 2007. Dal 9

marzo 2009 è poi partito un recupero, che ha portato il 19 ottobre 2009 a una crescita massima del prezzo pari al **+96,33%**. Successivamente, ha avuto luogo una perdurante fase di lateralità priva di spunti di vasta portata, positivi o negativi.

Il grafico che segue si riferisce al **Lyxor Etf Msci Europe** (codice di negoziazione: MEU) Questo ETF, a distribuzione annuale dei dividendi, replica l'indice benchmark Msci Europe Net Total Return, composto di azioni di società quotate nei paesi europei (Europa occidentale).

Anche in questo caso la parte iniziale del quadriennio ha avuto andamento negativo, con un calo del prezzo di **-60,49%**. Dal marzo 2009 è però cominciata la risalita, proseguita fino a toccare un nuovo massimo di periodo il 29 dicembre 2010, con un **+68,73%** nei confronti del minimo del 9 marzo 2009.

Il **Lyxor Etf Dow Jones Industrial Average** (codice di negoziazione: DJE) è a distribuzione annuale dei dividendi. Replica l'indice benchmark Dow Jones Industrial Average Total Return, denominato in dollari USA e basato sulle azioni di trenta grandi società americane, quotate sulla Borsa di New York.

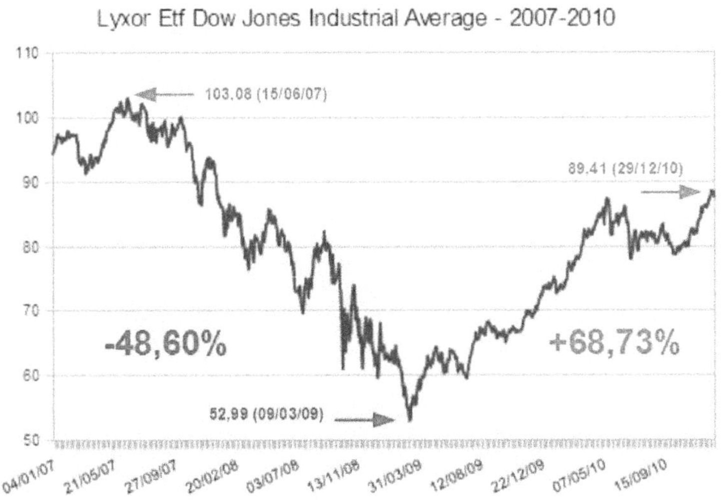

Nel caso di questo ETF, il calo del primo biennio è stato dell'ordine del **-48,60%**, con susseguente fase di crescita in ragione del **+68,73%**.

L'ETF **iShares Msci Japan** (codice di negoziazione: IJPN), a distribuzione semestrale dei dividendi, replica l'indice benchmark Msci Japan, denominato in dollari. Le azioni che compongono l'indice sono negoziate in yen nei mercati azionari regolamentati giapponesi.

Per questo ETF il calo avvenuto nei primi due anni in esame è stato di **-52,61%,** mentre la successiva crescita ha raggiunto il **+52,48%**.

Il **Lyxor Etf Msci Ac Asia-Pacific Ex Japan** (codice di negoziazione: AEJ), a capitalizzazione dei dividendi, è basato sull'indice benchmark MSCI AC (ALL COUNTRY) ASIA-PACIFIC EX JAPAN, denominato in euro, composto da titoli azionari quotati sui mercati azionari asiatici dell'area Pacifico, a esclusione del Giappone, più India.

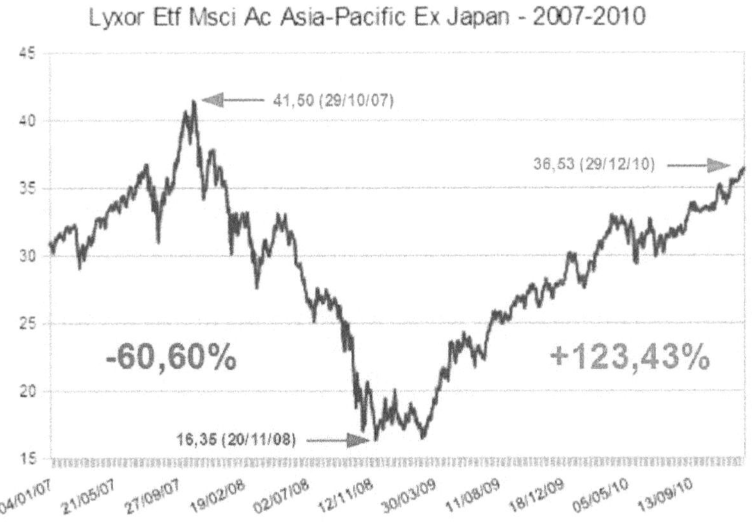

Si ripete anche qui lo schema di un inizio quadriennio negativo e di seconda parte positiva, già riscontrato per i precedenti ETF azionari. In effetti, tutti riflettono il ciclo finanziario internazionale innescato nel 2007 dalla crisi americana dei mutui subprime e suoi successivi sviluppi. Tale crisi si è manifestata sotto vari aspetti come la peggiore dal 1929.

Su questo ETF relativo all'Asia orientale il calo di prezzo intercorso tra la fine del 2007 e i primi mesi del 2009 è stato dell'ordine del **-60,60%**. Successivamente, il prezzo ha avuto una costante crescita, non ancora terminata a fine 2010, allorché registrava un aumento pari al **+123,43%**.

L'ETF **iShares Msci Emerging Markets** (codice di negoziazione: IEEM), a distribuzione trimestrale dei dividendi, replica invece l'indice benchmark Msci Emerging Markets Index, denominato in dollari, che è composto da oltre ottocento titoli azionari negoziati presso le borse di molteplici mercati emergenti, fra cui Argentina, Brasile, Cile, Cina, Russia e Turchia.

Per questo ETF la diminuzione di prezzo nella prima parte del quadriennio è stata del **-60,15%**, cui è seguita un'ascesa del **+141,50%**, ancora in corso a fine 2010.

L'ETF **iShares Markit Iboxx Euro Corporate Bond** (codice di negoziazione: IBCX), a distribuzione trimestrale dei dividendi, replica l'indice benchmark Markit Iboxx Euro Liquid Corporate, denominato in euro. Si tratta di un indice obbligazionario composto da un massimo di quaranta obbligazioni, anch'esse denominate in euro, di tipo "corporate", ossia aziendali, appartenenti alla categoria “investment grade”, che cioè hanno un rating minimo non inferiore a BBB-.

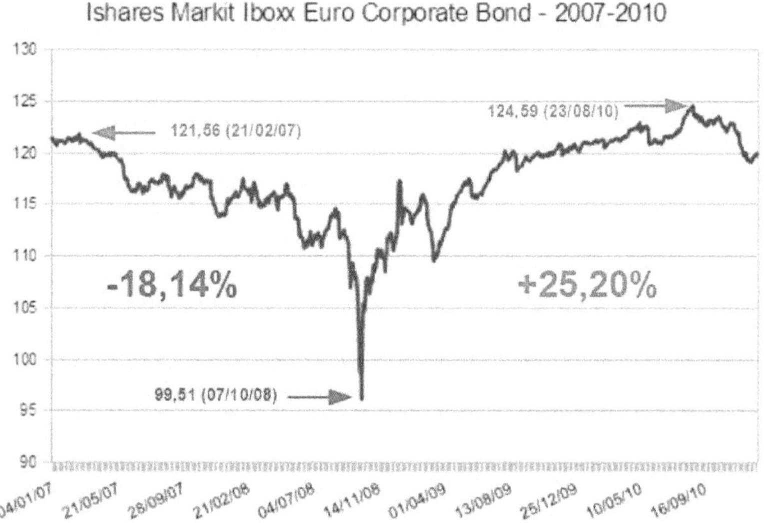

La perdita di valore del prezzo nella prima metà del quadriennio è stata del **-18,14%** e la successiva ripresa ha ottenuto il **+25,20%**.

Il **Lyxor Etf Euromts 15+Y** (codice di negoziazione: EM15), a distribuzione annuale dei dividendi, replica l’indice benchmark Euromts 15+Y, denominato in euro. Si tratta di un indice obbligazionario calcolato da EuroMTS Limited e composto da titoli di debito, denominati in euro, emessi da governi di uno stato membro dell'Unione Monetaria Europea e aventi scadenza (vita residua) superiore a quindici anni, quindi di lungo periodo.

Come si evince dal grafico, questo ETF ha risentito solo parzialmente della crisi finanziaria che nella prima metà del quadriennio ha invece fatto soffrire gli altri ETF prima osservati. Per il Lyxor Etf Euromts 15+Y si è vericata solo una parziale correzione, dell'ordine del -11,25%, limitata al mese di gennaio 2009, che ha interrotto un trend ascendente che aveva già raggiunto il +17,91%. Tale trend è poi subito ripartito, ottenendo un altro +28,06% col nuovo picco dell'agosto 2010. Da lì è iniziata una nuova fase di calo, che alla fine dell'anno si era attestata al -10,82%. Nel complesso, il guadagno conseguito dal luglio 2007 all'agosto 2010, assorbendo la correzione del gennaio 2009 che non aveva condotto a nuovi minimi, è stato del +34,35%.

Il diverso comportamento generale mostrato da questo ETF in confronto agli altri è ascrivibile al fatto che nel periodo che va dal 2007 a inizio 2009, contrassegnato, come si diceva, dalla grave crisi che ha colpito azioni e obbligazioni corporate (aziendali), molti investitori hanno cercato riparo trasferendo i propri capitali su titoli a minor rischio, nel momento contingente rappresentati appunto dai titoli di stato.

Nella parte finale del 2010 l'ETF ha invece registrato un regresso di prezzo determinato soprattutto dal sorgere di problemi sul debito sovrano di diversi stati europei, quali Grecia, Portogallo e Irlanda.

Il **Lyxor Etf Euro Cash** (codice di negoziazione: LEONIA), a distribuzione annuale dei dividendi, replica l'indice benchmark Euromts Eonia Investable. Si tratta di un indice relativo a obbligazioni a brevissimo termine, quindi in pratica non soggette alle oscillazioni di prezzo dovute alla variazione dei tassi ufficiali.

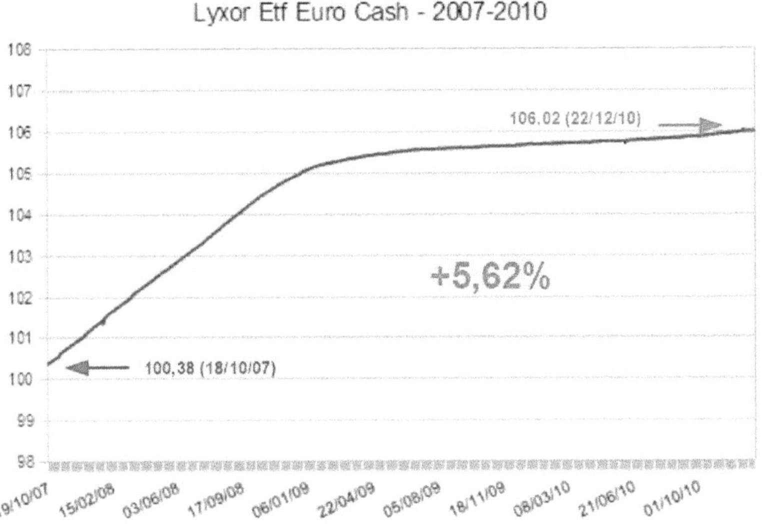

Come evidenziato dal grafico, questo ETF, basato su strumenti di liquidità a brevissima scadenza, segue un andamento pressoché costantemente positivo. Le rare asimmetrie sulla linea del grafico sono di lieve entità e scarsa durata. Il prezzo dell'ETF segue una curva ininterrottamente ascendente, in misura maggiore o minore secondo i tassi d'interesse in vigore. Nel complesso del periodo considerato, l'incremento del prezzo è stato del **+5,62%**.

Dall'esame dei grafici sopra esposti si può ricavare facilmente un'idea del grado di rischio, e quindi anche di opportunità, potenzialmente offerti dai vari ETF, in funzione delle fluttuazioni di valore sul mercato dei strumenti finanziari che ne costituiscono il sottostante.

SEGRETO n. 11: il livello di rischio e le opportunità degli ETF variano a seconda della natura del loro sottostante, ovvero del tipo di titoli in portafoglio.

A tale riguardo, per ognuno degli ETF riportiamo qui di seguito, per il periodo 2007-2011, le percentuali massime di diminuzione e di aumento, nonché la loro somma in termini assoluti:

- Db-X-Trackers Ftse Mib Index Etf: -71,32%, +96,33%, 167,65;
- Lyxor Etf Msci Europe: -60,49%, +71,04%, 131,53;
- iShares Msci Japan: -52,61%, +52,48%, 105,09;

- Lyxor Etf Dow Jones Industrial Average: -48,60%, +68,73%, 117,33;
- Lyxor Etf Msci Ac Asia-Pacific Ex Japan: -60,60%, +123,43%, 184,03;
- iShares Msci Emerging Markets: -60,15%, +141,50%, 201,65;
- iShares Markit Iboxx Euro Corporate Bond: -18,14%, +25,20%, 43,34;
- Lyxor Etf Euromts 15+Y: -10,82%, +34,35%, 45,17;
- Lyxor Etf Euro Cash: -0%, +5,62%, 5,62.

Ecco ora di seguito gli stessi ETF, posti in ordine discendente in base al valore assoluto di variazione sopra calcolato:

- iShares Msci Emerging Markets (**azioni Paesi Emergenti**): **201,65;**
- Lyxor Etf Msci Ac Asia-Pacific Ex Japan (**azioni Asia-Pacifico fuorché Giappone**): **184,03**;
- Db-X-Trackers Ftse Mib Index Etf (**azioni Italia**): **167,65;**
- Lyxor Etf Msci Europe (**azioni Europa**): **131,53;**
- Lyxor Etf Dow Jones Industrial Average (**azioni USA**): **117,33;**
- iShares Msci Japan (**azioni Giappone**): **105,09;**

- Lyxor Etf Euromts 15+Y (**titoli di stato Euro**): **45,17;**
- iShares Markit Iboxx Euro Corporate Bond (**obbligazioni aziendali Euro**): **43,34;**
- Lyxor Etf Euro Cash (**liquidità Euro**): **5,62.**

Dalla lista emerge come l'ETF azionario Paesi Emergenti, con il valore 201,65, sia quello potenzialmente a maggior rischio ma che offre anche, sempre a livello potenziale, le più rilevanti possibilità di guadagno. Nella lista ordinata, è seguito dagli altri ETF azionari e quindi da quelli obbligazionari. Questi ultimi presentano un valore di variazione assoluto che è meno della metà di quello più basso fra gli ETF azionari.

SEGRETO n. 12: gli ETF azionari sono caratterizzati da variazioni di prezzo mediamente molto più pronunciate rispetto agli ETF obbligazionari.

Risulta evidente, pur nella semplicità della misurazione sopra effettuata, come i prodotti azionari siano effettivamente i più rischiosi, ma anche quelli che, proprio per tale ragione, possono presentare le migliori opportunità teoriche di guadagno.

I prodotti obbligazionari si dimostrano meno altalenanti, pur essendo anche loro soggetti a variazioni improvvise di una certa entità, tanto maggiore quanto più lunga è la durata dei titoli in portafoglio. In effetti, nel caso dell'ETF liquidità, costituito da titoli obbligazionari a scadenza molto ravvicinata, le variazioni negative sono quasi inesistenti. Per contro, il guadagno conseguibile è limitato.

Come ultimo commento alla lista ordinata di variazione dei prezzi sopra esposta, è opportuno sottolineare che all'interno dei comparti generali, azionario e obbligazionario, in un diverso periodo si potrebbe fare una graduatoria diversa.

Per esempio, un ETF azionario USA potrebbe registrare una variazione maggiore rispetto a un azionario europeo, secondo le particolarità del mercato nel tempo. Il divario di volatilità e di ampiezza delle oscillazioni fra un ETF azionario e uno obbligazionario permane, invece, praticamente incolmabile.

Ciascun investitore/risparmiatore può valutare il tipo di ETF che più si adatti alle sue esigenze, situazioni e obiettivi, optando ad esempio per i soli ETF obbligazionari, con sottostante di maggiore o minore durata, se non intende correre soverchi rischi, oppure mettendo nel proprio portafoglio anche ETF azionari, se vuole mirare a potenziali guadagni più elevati.

RIEPILOGO DEL GIORNO 2:

- SEGRETO n. 8: su un ETF si guadagna vendendolo a un prezzo superiore rispetto a quello a cui lo si è acquistato.
- SEGRETO n. 9: si possono ricevere introiti periodici dagli ETF che prevedono la distribuzione dei proventi derivanti da dividendi azionari e interessi obbligazionari.
- SEGRETO n. 10: prima di acquisire un prodotto finanziario occorre avere una chiara idea del suo livello di volatilità e del conseguente grado di rischio che può comportare.
- SEGRETO n. 11: il livello di rischio e le opportunità degli ETF variano a seconda della natura del loro sottostante, ovvero del tipo di titoli in portafoglio.
- SEGRETO n. 12: gli ETF azionari sono caratterizzati da variazioni di prezzo mediamente molto più pronunciate rispetto agli ETF obbligazionari.

GIORNO 3:
Come si acquistano e come si vendono

L'operatività

Prima di procedere all'acquisto di un ETF è opportuno, come nel caso di qualsiasi altro prodotto, finanziario o meno, avere un'idea precisa di ciò che si va a comprare. Per tale motivo, è importante leggere preliminarmente tutto il prospetto informativo, reperibile sul sito della società emittente e su quello di Borsa italiana. In particolare, per stabilire se l'ETF in questione è veramente quello che fa al caso proprio, vanno verificate le seguenti informazioni.

Valuta dell'indice benchmark di riferimento

Se è diversa dall'euro, come può avvenire ad esempio per indici relativi a mercati extra-europei, la quotazione dell'ETF sarà soggetta alle fluttuazioni del cambio. In pratica, quando l'euro si rafforza il valore dell'ETF diminuisce, mentre aumenta allorché l'euro perde terreno. Pertanto, se non si vogliono correre rischi di cambio, bisogna attenersi a ETF il cui indice di riferimento sia denominato in euro.

La periodicità di distribuzione dei dividendi, se prevista

A seconda dell'importanza che si assegna a tale elemento, si potranno selezionare solo ETF che capitalizzano i dividendi e che quindi non li distribuiscono, oppure altri che ne effettuano una distribuzione periodica. In quest'ultimo caso, si potrà scegliere l'ETF che più corrisponde alle proprie preferenze di periodicità di ricezione dei proventi: trimestrale, semestrale o annuale.

Il costo annuale di gestione dell'ETF

Si tratta del costo specificato percentualmente dal T.E.R. (Total Expense Ratio). Minore è la percentuale di T.E.R. e meno costoso risulterà l'ETF, a potenziale vantaggio dei guadagni conseguibili come capital gain. Il T.E.R. può quindi essere un parametro da considerare nella fase di confronto e selezione di un ETF rispetto a quelli che operano su una stessa fascia di mercato.

La percentuale massima di rischio controparte dell'ETF

Con un ETF il rischio controparte è molto ridotto, poiché esso deve sottostare a quanto previsto dalla normativa europea UCITS III (Undertakings for Collective Investment in Transferable Securities). Un rischio controparte però esiste e può scaturire ad esempio a seguito di contratti derivati (swap) attivati dall'ETF. La percentuale massima di rischio controparte può pertanto costituire un utile elemento per valutare nel complesso la rischiosità teorica dell'investimento. La normativa UCITS III prevede per un ETF una percentuale massima di rischio controparte pari al 10%, anche se i gestori implementano diverse tecniche volte a ridurla.

Il profilo di rischio dell'ETF

Questo aspetto è importante per stabilire se l'ETF in esame è compatibile con la propria situazione finanziaria e con le proprie aspettative.

Codice ISIN e codice di negoziazione (trading code)

La conoscenza di tali codici può facilitare e velocizzare le operazioni di compravendita nelle sessioni di trading online.

SEGRETO n. 13: prima di comprare un ETF è opportuno leggere il prospetto informativo per conoscere, fra l'altro, valuta dell'indice benchmark di riferimento (euro o non euro), periodicità di distribuzione dei dividendi (se prevista), costo annuale di gestione (% di TER) e profilo di rischio.

Prima di procedere all'acquisto di un ETF, è inoltre opportuno verificare sul sito di Borsa italiana i dati che seguono.

Obblighi di quotazione (n° strumenti)
Si tratta di un numero che fissa la quantità minima di azioni dell'ETF che il suo market maker deve sempre garantire come proposte di acquisto e vendita. Questo parametro può essere rilevante se si pensa di movimentare l'ETF per quantità cospicue.

Obblighi di quotazione (max spread)
Indica la percentuale massima di scarto, garantita sempre dal market maker, che ci può essere in un dato momento di negoziazione fra la più bassa proposta di vendita e la più alta proposta di acquisto. Minore è tale percentuale, minore sarà anche il costo reale delle operazioni di trading sull'ETF, come più approfonditamente descritto nel giorno 5.

SEGRETO n. 14: prima dell'acquisto di un ETF è consigliabile prendere visione sul sito di Borsa italiana degli obblighi di quotazione (numero di strumenti e spread massimo) che il market maker dell'ETF è tenuto a rispettare.

Un ETF può essere comprato e venduto recandosi in banca e disponendo l'ordine relativo al personale incaricato, oppure via internet dal proprio computer o attraverso un altro dispositivo mobile (come lo smartphone), attraverso un'interfaccia di trading online.

Difficilmente banche e promotori finanziari propongono spontaneamente l'acquisto di ETF. Le ragioni sono due: da un lato, il loro basso corredo commissionale; dall'altro, la facilità con cui il sottoscrittore può "uscirne" in ogni momento mediante un semplice ordine di vendita con il trading su web.

Un'interfaccia di trading online può essere rappresentata semplicemente dai quadri video per la movimentazione online dei titoli, che la gran parte dei conti correnti bancari, anche quelli "di sportello", oramai offrono ai propri clienti. Oppure può essere costituita da un servizio ad hoc di trading online a opera di società specializzate.

In entrambi i casi, per accedere al proprio portafoglio titoli via web è innanzitutto necessario digitare i dati identificativi personali di connessione al servizio, ossia generalmente il codice utente (User) e la password, come esemplificato nella Figura 1.

Figura 1: esempio dati richiesti per entrata in un servizio di trading online

User:

Password:

Una volta entrati nel servizio, ci si sposta nella sezione di trading cliccando sulle opportune voci a video. Per acquistare un nuovo ETF, o altro tipo di titolo, occorre impostarne il codice ISIN (International Securities Identification Number).

Si tratta di un codice di 12 caratteri alfanumerici, riconosciuto a livello internazionale, che identifica univocamente il prodotto finanziario. Il codice ISIN di un ETF è rintracciabile sul suo prospetto informativo. In alternativa, le interfacce online permettono di ricercare il titolo desiderato in vario modo, ad esempio digitando il nome completo o solo una sua parte.

Figura 2: esempio di quadro video di ricerca di un titolo

Titolo:

Trova titolo in base a:

(X) Nome (inizia per)

( ) Nome (parte del nome)

( ) Codice di negoziazione

( ) Codice ISIN

Cerca

oppure per ordine alfabetico:

A B C D E F G H I J K L M N O P Q R S T U V W X Y Z

Come mostrato in Figura 2, per operare su un titolo si può utilizzare anche il suo codice di negoziazione. Si tratta di un codice alfanumerico, che però è più corto del codice ISIN e mnemonicamente più facile da ricordare. Per esempio, il codice

ISIN del Db-X-Trackers Ftse Mib Index Etf è LU0274212538, mentre il suo codice di negoziazione è, più semplicemente, XMIB.

Dopo aver richiamato il titolo (ETF) di interesse, bisogna impostare il numero di azioni (quantità) che si intendono comprare e il prezzo di acquisto desiderato. Si può impostare un "prezzo limite", ossia il prezzo unitario massimo a cui si è disposti a procedere all'acquisto (ordine condizionato), oppure selezionare l'opzione "al meglio" (o "a mercato"):

Figura 3: esempio di quadro video di inserimento quantità e prezzo ordine

Quantità:

Prezzo: (X) al meglio

○ con limite di prezzo a:

Nel secondo caso, l'ordine verrà evaso solo se sul mercato telematico sarà presente un ordine di vendita di prezzo inferiore o uguale a quello impostato come limite. Se il numero di azioni espresso nell'ordine di acquisto è maggiore di quello del primo ordine di vendita reperito, il servizio di borsa cercherà altri ordini di vendita che rispondano al "prezzo limite" per evadere la quantità rimamente.

Se tali ordini di vendita non sono disponibili in misura sufficiente, l'ordine di acquisto potrà essere soddisfatto solo parzialmente. Proprio alla luce di questa eventualità, alcune interfacce di trading chiedono, contestualmente all'inserimento di un ordine, se si accettino sue evasioni parziali o solo totali.

In caso di acquisto "al meglio", l'ordine verrà esitato al miglior prezzo disponibile sul mercato telematico, senza alcun filtro di "prezzo limite".

Quando si inserisce un ordine di trading, l'interfaccia di norma chiede anche la validità temporale desiderata, ossia se essa debba essere limitata al solo giorno di inserimento dell'ordine o perdurare anche in sessioni borsistiche successive (vedi ad esempio Figura 4).

Figura 4: esempio d'impostazione validità temporale dell'ordine

Valido fino a: ⊗ oggi
○ altra data: / /

Se, anziché uno di acquisto, si inserisce un ordine di vendita, l'operatività sopra descritta rimane valida. Cambia solo il significato di "prezzo limite". Mentre nel caso di un acquisto esso esprime il prezzo massimo a cui si è disposti a comprare, per un ordine di vendita si riferisce al prezzo unitario minimo a cui si vuole vendere.

Il servizio di borsa evaderà l'ordine se troverà sul mercato telematico proposte di acquisto di prezzo uguale o superiore al prezzo limite di vendita impostato.

SEGRETO n. 15: si può comprare e vendere un ETF dandone disposizione al personale incaricato di una filiale bancaria oppure autonomamente mediante il trading online. Gli ordini possono avvenire fissando un "prezzo limite" o "al meglio".

Se le funzionalità offerte dall'interfaccia di trading in uso lo consentono, a ogni ordine si possano associare anche altre modalità di esecuzione ("tutto o niente", "esegui comunque", "esegui per quantità minima" ecc.).

Utilizzando il trading online, prima di confermare un ordine di vendita o acquisto è opportuno inoltre prendere visione del "book ordini" in essere per il prodotto finanziario, nel nostro caso un ETF, su cui si sta operando. Il "book ordini" è una tabella di dati, fornita a video dall'interfaccia di trading, in cui compaiono i prezzi delle migliori proposte di acquisto e vendita in quel momento disponibili sul mercato telematico per il prodotto oggetto dell'ordine.

Il book ordini riportato a titolo di esempio in Figura 5 è a cinque livelli, cioè visualizza le cinque migliori offerte di acquisto e vendita. A seconda del servizio di trading utilizzato, il numero di livelli disponibili nel book può essere diverso, superiore o inferiore a questo. Maggiore è il numero di livelli nel book, più approfondita è la conoscenza che si ricava circa la situazione di mercato dell'ETF, o altro prodotto finanziario, al dato momento.

Figura 5: esempio di book ordini

Book Ordini					
Denaro			***Lettera***		
N. Prop.	Quantità	Prezzo	Prezzo	Quantità	N. Prop.
1	1.207	21,460	21,470	31.007	2
2	31.007	21,450	21,480	6.500	2
1	6.000	21,440	21,490	23.500	3
2	17.500	21,435	21,500	16.539	3
1	15.002	21,430	21,550	500	1

Nella sezione “Denaro” del book ordini, a sinistra, vengono elencate le migliori proposte di acquisto, dal punto di vista del potenziale venditore, a partire da quella con prezzo più alto. Nella sezione “Lettera”, a destra, si trovano invece le migliori proposte di vendita, dal punto di vista del potenziale compratore, a iniziare da quella di prezzo più basso.

Consultando il book prima di confermare un ordine, si può desumere se quest’ultimo potrà venire velocemente evaso, per la quantità impostata, al prezzo desiderato oppure no. Di norma, è bene evitare, salvo eventuali altre considerazioni, di confermare di vendere "al meglio" un numero cospicuo di azioni di un ETF, se nel book ordini compaiono ordini "denaro" in quantità limitata o di prezzo basso. In tale caso si rischierebbe infatti di realizzare la vendita a prezzi insoddisfacenti. La stessa osservazione vale, in analoghe condizioni, anche per gli ordini di acquisto, perché si correrebbe il pericolo di comprare a prezzi troppo alti.

SEGRETO n. 16: è raccomandabile consultare attentamente la situazione di "book ordini" di un ETF prima di confermare un acquisto o una vendita. Il book ordini è messo a disposizione dal servizio di trading online.

Qualora se ne valuti l'opportunità, osservando l'evoluzione dei dati nel book, si può procedere alla cancellazione di un ordine già inserito. Le interfacce di trading danno infatti la possibilità di annullare un ordine ("revoca") fintantoché esso non sia ancora stato evaso.

Tramite i servizi di trading online è inoltre possibile farsi inviare segnalazioni automatiche di avvertimento, allorché il prezzo di un prodotto finanziario valichi al rialzo o al ribasso un limite preimpostato. Tali segnalazioni possono avvenire nella forma di messaggi sms o email.

Analogamente, si possono inserire ordini automatici, che hanno ad esempio luogo quando si desidera che un prodotto che si ha in portafoglio venga automaticamente venduto dal servizio di trading, allorché il suo prezzo scenda al di sotto di una certa soglia o salga al di sopra di un'altra.

L'operatività di trading sopra descritta si riferisce alle funzionalità di base disponibili, senza costi aggiuntivi, nella gran parte dei servizi di trading. Esistono altresì servizi di trading online evoluti, che offrono ai loro utilizzatori un'interfaccia molto amichevole e ricca di prestazioni, ai costi previsti.

Esempi di tali prestazioni avanzate sono la possibilità di ricevere analisi tecniche approfondite, anche a livello grafico, e la disponibilità di visualizzare book ordini e quotazioni in modalità "push". Quest'ultima, in particolare, è un aiuto fondamentale, perché consente di vedere aggiornati a video i dati di negoziazione borsistica in modo automatico, senza che sia necessario cliccare su appositi pulsanti (“refresh”).

Prezzo, NAV e iNAV

Nella gestione del proprio portafoglio in ETF occorre tenere presente la distinzione fra prezzo e NAV.

Il **prezzo** è il valore di mercato per azione (quota) dell’ETF, quale scaturisce liberamente dalle contrattazioni, che varia continuamente durante la giornata borsistica.

Il **NAV**, acronimo di Net Asset Value, indica il patrimonio totale netto dell’ETF, dato dalla differenza fra l’insieme delle sue attività (titoli in portafoglio, dividendi maturati, interessi maturati ecc.) e passività (costi di gestione e altri costi). Il rapporto fra il patrimonio netto totale di un ETF e il suo numero di quote (azioni) esistenti determina il **NAV per quota** (o pro quota).

Il NAV per quota di un ETF viene calcolato ogni giorno dalla sua società emittente, al termine delle contrattazioni. Lo si può trovare pubblicato sui siti web delle società emittenti, sul sito di Borsa italiana, su altri siti web specializzati in ambito finanziario e anche sui principali quotidiani finanziari.

Il NAV non è usato nelle operazioni di compravendita dell'ETF, per le quali vale ovviamente il prezzo di mercato, però può essere utile conoscerlo. Può servire ad esempio per stabilire se il prezzo unitario a cui si intenda vendere o comprare un ETF sia "caro" o "a buon mercato" rispetto al NAV pro quota, cioè in confronto al valore "reale" dell'azione in base al patrimonio dell'ETF.

Detto valore reale non è assoggettato agli umori momentanei degli operatori borsistici e alla lotta minuto per minuto fra domanda e offerta. In particolare, se vendo un ETF a un prezzo superiore al suo NAV, probabilmente sto facendo un buon affare (negoziazione "a premio"), fatte salve eventuali altre considerazioni contingenti. Può sussistere invece una valutazione contraria se vendo l'ETF a un prezzo inferiore al NAV (negoziazione "a sconto").

Un altro motivo per cui può tornar utile prendere visione del NAV appena prima di vendere un ETF è di natura fiscale. Infatti, come specificato nella sezione dedicata alla tassazione, posso dover pagare un'imposta anche se vendo, come prezzo, in perdita. Ciò avviene se il NAV al momento dell'acquisto risulta inferiore a quello in essere nel giorno della vendita. In tal caso, verrà addebitata dall'intermediario l'imposta sostitutiva sul reddito da capitale generato dal delta NAV positivo.

Il NAV viene calcolato e rimane fermo alla chiusura del giorno precedente, per cui può risultare un po' lontano dal valore totale netto dell'ETF nel corso della nuova giornata borsistica, valore che varia in continuazione a seguito delle fluttuazioni di mercato del sottostante. Per ovviare a questo inconveniente, viene perciò calcolato anche l'**iNAV** (indicative Net Asset Value, valore totale netto indicativo), che esprime una misurazione approssimativa più aggiornata del NAV durante la giornata di contrattazioni.

L'iNAV è calcolato a intervalli brevissimi, spesso ogni 15 secondi, dall'emittente dell'ETF o da altro agente. È reperibile sul sito web dell'emittente, dove però, nelle interfacce gratuite, appare in genere con un ritardo di un quarto d'ora. Confrontare il prezzo con l'iNAV anziché col NAV rappresenta un metodo più preciso per stabilire se una negoziazione di ETF possa risultare a premio o a sconto. In pratica però l'uso dell'iNAV è limitato a market maker, liquidity provider e investitor "istituzionali", mancando agli investitori retail le interfacce idonee a un suo utilizzo veloce e efficace. A ogni modo, è comunque bene sapere che esiste e che può tornare utile per determinate verifiche e valutazioni.

SEGRETO n. 17: i parametri di valore di un ETF da tenere in considerazione sono il prezzo, il NAV e l'iNAV.

Per quanto il prezzo di un ETF possa discostarsi, durante la giornata borsistica di contrattazioni, dal suo NAV o iNAV, esso tende però sempre a riavvicinarvisi. Ciò è dovuto all'attività dei market maker, ossia di quegli operatori finanziari primari che devono necessariamente essere presenti sugli ETF.

I market maker, attraverso operazioni che vanno a loro vantaggio definite "arbitraggi", garantiscono fra l'altro che ogni ETF abbia un andamento scevro da situazioni di divaricazione troppo ampie fra prezzi denaro/lettera e sufficientemente liquido.

Un ulteriore aspetto da considerare nell'operatività sugli ETF, in particolare quelli il cui indice benchmark sia riferito a mercati extra-europei, è che possono determinarsi differenze sostanziali fra il prezzo di chiusura giornata di un ETF e il valore dell'indice alla riapertura delle contrattazioni il giorno successivo, con conseguente influenza sul prezzo di apertura dell'ETF.

Le contrattazioni di negoziazione continua di Borsa italiana chiudono infatti ogni giorno alle ore 17:25, quando l'indice benchmark di riferimento ha un certo valore. Tuttavia, lo stesso indice continua a venir negoziato su altri mercati, ad esempio quello statunitense, che chiude alle 22:00 ora italiana. In tale arco di tempo l'indice può mutare notevolmente, o almeno in una qualche misura, il proprio valore, il che troverà riscontro al momento della riapertura di Borsa italiana alle 09:00 della mattina seguente.

Questi "salti" di valore, che si possono verificare nottetempo, o comunque a Borsa italiana chiusa, e sui quali può influire anche l'oscillazione del cambio con una divisa non euro, costituiscono un elemento di complicazione nella definizione di una strategia di trading basata su minimi e massimi di prezzo. Pertanto, è una condizione che va conosciuta e opportunamente considerata, in funzione dell'ETF trattato.

Situazioni dello stesso tipo si possono peraltro verificare, seppur su intervalli di tempo più ristretti, anche con ETF quotati solo su Borse europee, inclusa quella italiana. Esse possono infatti osservare orari un po' diversi a seconda dei vari tipi di prodotti finanziari trattati.

RIEPILOGO DEL GIORNO 3:

- SEGRETO n. 13: prima di comprare un ETF è opportuno leggere il prospetto informativo per conoscere, fra l'altro, valuta dell'indice benchmark di riferimento (euro o non euro), periodicità di distribuzione dei dividendi (se prevista), costo annuale di gestione (% di TER) e profilo di rischio.
- SEGRETO n. 14: prima dell'acquisto di un ETF è consigliabile prendere visione sul sito di Borsa italiana degli obblighi di quotazione (numero di strumenti e spread massimo) che il market maker dell'ETF è tenuto a rispettare.
- SEGRETO n. 15: si può comprare e vendere un ETF dandone disposizione al personale incaricato di una filiale bancaria oppure autonomamente mediante il trading online. Gli ordini possono avvenire fissando un "prezzo limite" o "al meglio".
- SEGRETO n. 16: è raccomandabile consultare attentamente la situazione di "book ordini" di un ETF prima di confermare un acquisto o una vendita. Il book ordini è messo a disposizione dal servizio di trading online.
- SEGRETO n. 17: i parametri di valore di un ETF da tenere in considerazione sono il prezzo, il NAV e l'iNAV.

GIORNO 4:
Come sviluppare una strategia di trading

Una strategia scopo guadagno

Come desumibile dai grafici fin qui documentati, per ottenere un guadagno o evitare una prolungata perdita di valore con un ETF azionario, o di altro sottostante a spiccata volatilità di quotazioni, risultano decisivi i momenti di acquisto e vendita. In particolare, comprando l'ETF quando il suo prezzo è alto, si corre il rischio di doverne poi soffrire la discesa, che può durare anche a lungo.

"Sbagliando" il momento d'ingresso, esiste il pericolo concreto di incorrere in una perdita consistente. Inoltre, per tutta la durata del ciclo negativo il proprio capitale risulta bloccato, indisponibile a eventuali investimenti alternativi (a meno di vendere in perdita riottenendo la disponibilità del capitale residuo).

SEGRETO n. 18: nella compravendita degli ETF occorre considerare attentamente la potenziale "bontà" dei momenti di entrata e uscita.

Ad esempio, rivediamo il grafico 2007-2010 dell'ETF **iShares Markit Iboxx Euro Corporate Bond**:

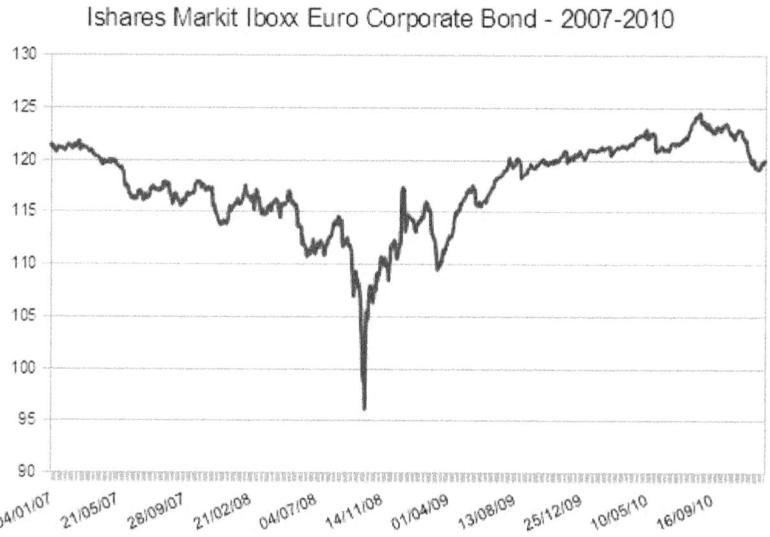

In questo caso risulta evidente che, se si fosse acquistato l'ETF a inizio 2007, per i successivi due anni si sarebbe rimasti in costante perdita, fino a subire un picco di quasi il **-20%** a inizio 2009. Nel grafico, la linea del prezzo appare perennemente zigzagante e di comportamento imprevedibile, con frequenti mutamenti improvvisi di direzione, più o meno ampi, verso il basso o verso l'alto.

Con che criteri si può quindi individuare un momento ipoteticamente propizio per acquistare l'ETF?

Osserviamo il grafico seguente:

In esso, oltre alla linea blu dei prezzi quotidiani di chiusura contrattazioni, compaiono altre due linee. Una, di colore verde, che nel grafico viene denominata "Linea di Forza" (linea F), l'altra, di colore rosso, che è indicata come "Linea di Stop" (linea S). Tali linee sono calcolate mediante formule matematiche, che esamineremo più avanti.

Per il momento, concentriamoci su come attraverso le linee F e S si possano individuare punti plausibili di entrata e uscita nell'investimento in ETF. In particolare, le due linee ci consentono di attivare il seguente sistema di trading (compravendita):

1. la linea di Forza supera al rialzo la linea di Stop;
2. il prezzo deve essere al di sopra della linea di Forza;
3. si acquista l'ETF;
4. si mantiene l'ETF in portafoglio per tutto il tempo in cui il suo prezzo rimane al di sopra della linea di Stop;
5. quando il prezzo scende al di sotto della linea di Stop, si vende l'ETF;
6. qualora la linea di Forza permanga al di sopra della linea di Stop e il prezzo torni al di sopra della linea di Forza, si riacquista l'ETF, ripetendo quindi il ciclo dal punto 3;
7. quando la linea di Forza scende sotto la linea di Stop, il ciclo di trading termina, in attesa che la linea di Forza ritorni sopra la linea di Stop e il ciclo inizi di nuovo dal punto 1.

Il grafico seguente mostra l'applicazione del sistema appena descritto, sull'ETF considerato.

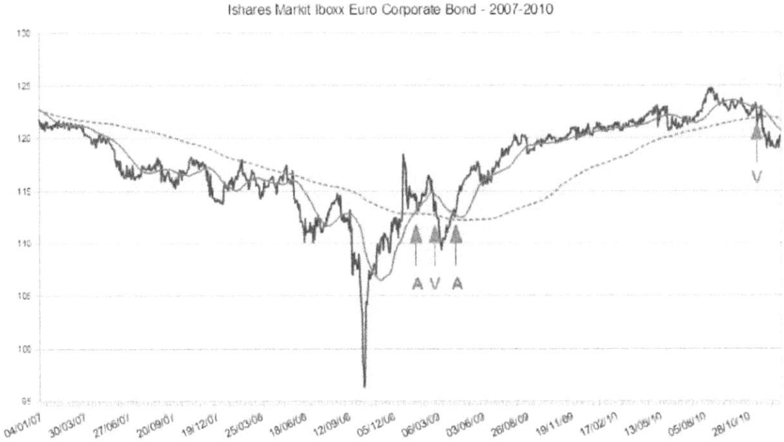

Il 21 gennaio 2009 la linea di Forza (verde) supera al rialzo la linea di Stop (rossa) e contestualmente il prezzo di mercato (linea blu) è superiore alla linea di Forza: si ha quindi la situazione di segnale di acquisto (A) di cui ai punti 1 e 2 del sistema di trading ipotizzato. Il conseguente prezzo di acquisto è pari a 114,100.

Sfortunatamente, il prezzo scende poi, il 4 marzo 2009, sotto la linea di Stop, al valore di 112,689, generando il segnale di vendita (V), come da punto 5 del nostro trading system. Fra i prezzi di acquisto e vendita si è determinata una perdita pari a **-1,24%**: (112,689-114,100)/114,100*100.

La linea di Forza non scende però poi sotto la linea di Stop e il 3 aprile il prezzo riacciuffa al rialzo la linea di Forza, generando un nuovo acquisto con prezzo di 112,921, come da punto 6 del trading system. Da lì inizia una fase rialzista pressoché costante, che si conclude il 15 novembre 2010, allorché il prezzo ridiscende sotto la linea di Stop, innescando al valore 121,911 una nuova vendita, come descritto al punto 5. In questo caso fra i prezzi di vendita e acquisto si è quindi avuto un profitto del **+7,96%**: (121,911-112,921)/112,921*100.

Successivamente, il prezzo ha un nuovo breve scatto verso l'alto, superando il 22 novembre la linea di Forza, con un nuovo acquisto al prezzo di 122,795, cui segue un'immediata caduta, due giorni dopo, sotto la linea di Stop, al prezzo di 121,962, con una perdita del **-0,68%** (quest'ultimo acquisto/vendita non è evidenziato nel grafico per carenza di spazio).

Infine, il 9 dicembre 2010 la linea di Forza scende sotto la linea di Stop, causando, come da punto 7 del trading system, la conclusione del ciclo di compravendite.

Riassumendo, nel ciclo appena descritto si sono avuti tre segnali di acquisto, seguiti da tre corrispondenti segnali di vendita. L'esito complessivo del ciclo è calcolabile con una sommatoria semplice: -1,24+7,96-0,68= **+6,04%**.

Il sistema ha fatto in modo che si entrasse sull'ETF al comparire di ragionevoli condizioni di forza del prezzo e vi si rimanesse per tutto il tempo che esse si sono mantenute, stando pronti a uscirne al manifestarsi sul mercato dei primi segnali di debolezza del prezzo, così da troncare sul nascere le perdite.

Ma il sistema "linea di Forza/linea di Stop" può essere in teoria compatibile anche con altri ETF, quali per esempio quelli sopra documentati con grafici? Controlliamo di seguito per ciascuno di essi.

Cominciamo col grafico Forza/Stop 2007-2010 del **Db-X-Trackers Ftse Mib Index Etf** (azionario Borsa italiana).

Il 20 agosto 2009 la linea di Forza (verde) supera al rialzo la linea di Stop (rossa) e contestualmente il prezzo (linea blu) è superiore alla linea di Forza: si ha quindi la situazione di segnale di acquisto (A) di cui ai punti 1 e 2 del sistema di trading ipotizzato. Il prezzo di acquisto è 21,870.

Segue una moderata fase rialzista, che diventa presto alquanto incerta, fino a spegnersi il 28 aprile 2010, allorché il prezzo scende sotto la linea di Stop, con vendita al valore 22,461, come da punto 5. Fra i prezzi di acquisto e vendita si è quindi avuta in questa occasione una variazione positiva pari al **+2,70%**: (22,461-21,870)/21,870*100.

Successivamente, il 24 maggio, la linea di Forza oltrepassa al ribasso la linea di Stop, determinando, come da punto 7 del trading system, la conclusione del ciclo di compravendite, che in questa occasione è risultato costituito da una sola transazione acquisto/vendita.

A seguire verifichiamo l'andamento del sistema, sempre per il periodo 2007-2010, per il **Lyxor Etf Msci Europe** (azionario Europa):

I segnali di acquisto/vendita su questo ETF sono stati i seguenti:

- 10/08/09, segnale di acquisto, con prezzo 82,320;

- 20/05/10, segnale di vendita, con prezzo 84,260, variazione vendita su acquisto pari al **+2,36%**;
- 14/06/10, segnale di acquisto, con prezzo 88,652 (non evidenziato nel grafico causa mancanza di spazio);
- 01/07/10, segnale di vendita, con prezzo 85,732 (non evidenziato nel grafico causa mancanza di spazio), variazione vendita su acquisto pari al **-3,29%**;
- 08/07/10, segnale di acquisto, con prezzo 87,335;
- si è quindi avviato un periodo di moderata ascesa, non ancora conclusasi a fine anno; in particolare, al 30 dicembre il valore della linea di Stop era 90,479, con un incremento del **+3,60%** rispetto all'ultimo prezzo di acquisto.

Su quest'ultimo ETF si è pertanto verificata fra il maggio e il luglio 2010 una fase piuttosto confusa, con più segnali di acquisto e vendita a breve distanza l'uno dall'altro.

Simili periodi sono definiti come "laterali", poiché in essi il prezzo non riesce a puntare risolutamente verso l'alto o verso il basso, limitandosi a oscillare entro margini ristretti. I periodi laterali possono avere durata varia, ma fortunatamente sono anch'essi sempre destinati a concludersi. Si tratta pertanto di evenienze di fronte alle quali bisogna cercare di non perdere pazienza e fiducia, in attesa che una nuova fase più marcatamente rialzista o ribassista torni a manifestarsi convintamente.

Il seguente grafico si riferisce al **Lyxor Etf Dow Jones Industrial Average** (azionario USA):

Il 1° settembre 2009 la linea di Forza (verde) supera al rialzo la linea di Stop (rossa) e contestualmente il prezzo (linea blu) è superiore alla linea di Forza, innescando quindi il segnale di acquisto (A) che dà inizio al ciclo di compravendite, come descritto ai punti 1 e 2 del sistema di trading in esame, con prezzo di acquisto 67,35. Da lì si avvia una lunga fase ascendente, tanto che a fine 2010 non si era ancora generato alcun segnale di vendita e il trade permaneva pertanto attivo. Al 30 dicembre 2010 la linea di Stop aveva valore 81,051, per cui il guadagno conseguito in base al sistema era a quella data pari al **+20,34%**: (81,051-67,35)/67,35*100.

Questo è il comportamento del trading system sull'ETF **Ishares Msci Japan** (azionario Giappone):

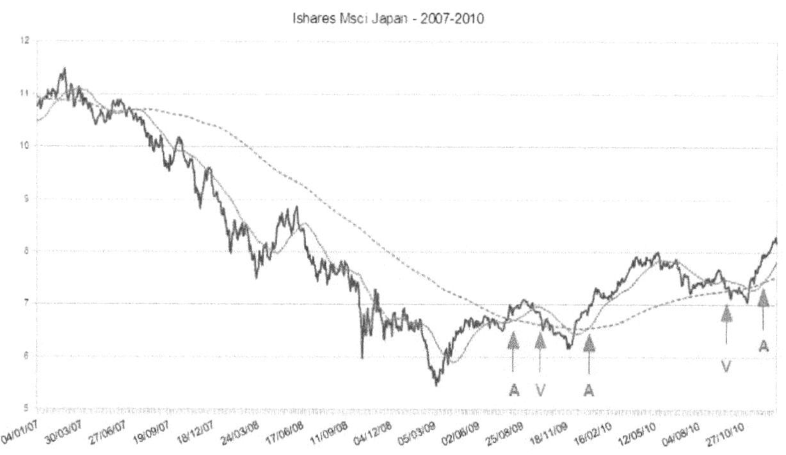

Per questo ETF l'andamento è stato nell'occasione un po' più incerto. Infatti, l'11 agosto 2009 la linea di Forza supera al rialzo la linea di Stop e contemporaneamente il prezzo è superiore alla linea di Forza, con segnalazione di acquisto d'inizio ciclo al valore prezzo di 6,94.

Poco dopo però il prezzo comincia a scendere, oltrepassando al ribasso la linea di Stop il 2 ottobre, con relativo segnale di vendita, al prezzo di 6,616, con conseguente perdita pari al **-4,67%**. La fase negativa si protrae, tanto che anche la linea Forza scende al di sotto della linea Stop.

Il 4 gennaio 2010 la linea Forza torna sopra la linea Stop e il prezzo si trova più in alto della linea Stop, con segnale di acquisto al valore di prezzo 6,90. Segue un periodo rialzista conclusosi il 30 settembre, allorché un nuovo cedimento porta il prezzo sotto la linea Stop, con nuova vendita al valore 7,279 e conseguente guadagno del **+5,49%**.

Ha quindi luogo una nuova fase altalenante, che ricaccia per breve tempo la linea Forza sotto la linea Stop. Il 6 dicembre la linea

Forza supera al rialzo la linea Stop e contestualmente il prezzo è al di sopra della linea di Forza, determinando così un nuovo segnale di acquisto, con prezzo 7,98. Alla fine dell'anno il trade risultava ancora attivo.

Ecco invece l'andamento 2007-2010 del **Lyxor Etf Msci Ac Asia Pacific Ex Japan** (azionario Asia-Pacifico escluso Giappone):

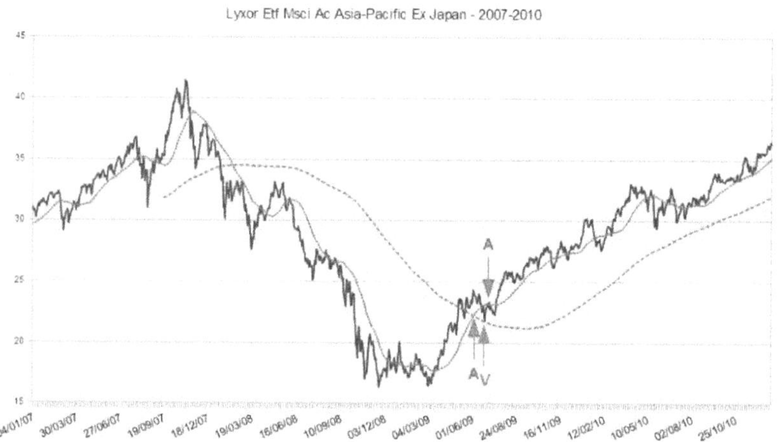

Il 2 giugno 2009 la linea di Forza (verde) supera al rialzo la linea di Stop (rossa) e contemporaneamente il prezzo (linea blu) è superiore alla linea di Forza, innescando quindi il segnale di acquisto (A) d'inizio ciclo di compravendite, come descritto ai punti 1 e 2 del sistema di trading, con valore 24,17 di prezzo del giorno. Sfortunatamente, poco dopo il prezzo ha un brusco ripiegamento, che lo porta il 23 giugno 2009 sotto la linea di Stop, al valore 21,786, con una perdita del **-9,86%**.

Da lì riparte però subito una fase rialzista, che conduce il prezzo a superare di nuovo la linea di Forza il 29 giugno 2009, con nuovo acquisto al prezzo 23,199. Il movimento rialzista si rivela poi poderoso, tanto che a fine 2010 era ancora in atto, registrando al 30 dicembre 2010 un prezzo di 36,33, con un guadagno in quel momento del +56,60%.

Considerando la linea di Stop, che per il sistema impostato rappresenta l'eventuale fattore di uscita dal trade, essa al 30 dicembre 2010 era di valore 32,015, per cui il guadagno conseguito in base al sistema era a quella data pari al **+38%**: (32,015-23,199)/23,199*100.

Lineare e pimpante si mostra per il periodo considerato l'andamento dell'ETF **Ishares Msci Emerging Markets** (azionario Paesi Emergenti).

Il 4 giugno 2009 la linea di Forza (verde) supera al rialzo la linea di Stop (rossa) e contestualmente il prezzo (linea blu) è superiore alla linea di Forza, innescando quindi il segnale di acquisto (A) d'inizio ciclo di compravendite, come descritto ai punti 1 e 2 del sistema di trading, con valore 21,81 di prezzo del giorno.

Ha quindi luogo una decisa e prolungata fase positiva. A fine 2010 non era ancora stato generato alcun segnale di vendita e il trade permaneva pertanto attivo. Al 30 dicembre 2010 la linea di Stop aveva valore 29,859, per cui il guadagno conseguito in base al sistema era a quella data pari al **+36,91%**: (29,859-21,810)/21,810*100).

Considerazioni sul trading system

Il sistema di trading basato sulle linee di Forza e di Stop sopra applicato ha fornito, per il periodo considerato 2007-2010, risultati diversi per ciascun ETF. Su alcuni degli ETF esaminati le performance sono state significative, mentre su altri sono state meno profittevoli.

Quando un trend è pronunciato e, soprattutto, prolungato nel tempo, il sistema lo segue, con la linea di Stop che si mantiene a una certa distanza dalla linea del prezzo. In tal modo, anche cali non spiccati di quest'ultimo possono venire assorbiti dal sistema, dando così spesso al prezzo la possibilità di risalire successivamente verso la linea di Forza e anche al di sopra di essa. Le fasi positive possono durare parecchi mesi e a volte anche anni.

Viene comunque sempre il momento in cui il trend positivo ha termine, qualunque sia la ragione che ne determini l'indebolimento sul mercato. Quando ciò avviene e si ha lo sfondamento al ribasso della linea di Stop da parte del prezzo, scatta il segnale di uscita dall'investimento.

Naturalmente, quando si entra con l'acquisto in un investimento non si sa quanto vi si rimarrà e se sarà premiante. Nessuno può conoscere il futuro e i prezzi possono evolvere diversamente da come sperato e suggerito dalla loro analisi. Il punto fondamentale però risiede nel fatto che in tali circostanze negative il sistema ci segnala quando uscire dall'investimento, consolidando così i profitti, se ve ne sono, o limitando le perdite, se hanno iniziato a manifestarsi.

Il sistema non esclude che si verifichino perdite. Non è in condizione di farlo, appunto perché il futuro ci è ignoto. Nessun sistema escogitabile può essere a prova di perdita. Questo metodo ci insegna piuttosto che è bene accettare una perdita finché è contenuta e non mette ancora a serio repentaglio il nostro capitale, che può così avere ancora modo di recuperarla.

Quando i prezzi iniziano a scendere, noi non possiamo sapere quando interromperanno la discesa. Forse il giorno dopo, forse la settimana dopo, forse alcuni mesi dopo o forse addirittura anni dopo. Il segnale di vendita fornito dalla linea di Stop ci mette al riparo dai duraturi e profondi periodi negativi, salvaguardando il grosso del capitale. Viceversa, nei periodi positivi il sistema ci lascia permanere nell'investimento, sfruttando quindi quanto più a lungo possibile l'ascesa del prezzo.

SEGRETO n. 19: per stabilire quando acquistare e vendere un ETF può essere opportuno valutare i segnali forniti da un "trading system".

Vi sono altresì momenti in cui il prezzo ha ripetute oscillazioni intermittenti verso l'alto e verso il basso, il che può portare a una rapida sequenza di segnali di acquisto e di vendita e a una più concitata operatività. Si tratta ovviamente di periodi non entusiasmanti, da vivere con pazienza, nella consapevolezza che a un certo punto termineranno e si risolveranno o con la spinta dei prezzi verso l'alto, da cui potremo trarre vantaggio, o con il loro calo, che si osserverà dall'esterno aspettando un nuovo trend positivo.

Tutti gli esempi e i grafici sopra esposti sono basati sul prezzo che un ETF assume in base alle contrattazioni sul mercato. In suo luogo si potrebbero utilizzare invece il NAV o l'iNAV intraday o addirittura l'indice benchmark stesso, secondo varie considerazioni e preferenze. Tuttavia l'uso ai fini del trading di tali entità risulta problematico per il normale investitore/trader privato, essendo il book ordini espresso dai prezzi ed essendo questi ultimi per lui immediatamente reperibili.

Linea di Forza e linea di Stop svelate

Il trading system fin qui descritto è basato sulle linee definite di Forza e di Stop.

La linea di Forza, quale appare nei grafici sopra riportati, rappresenta la media mobile a 40 giorni dei prezzi giornalieri di chiusura degli ETF considerati.

La linea di Stop è invece determinata dalla media mobile a 260 giorni dei prezzi di chiusura giornalieri.

Per la determinazione di guadagno o perdita si sono assunti come prezzo teorico delle transazioni:

- l'ultimo prezzo di mercato della giornata borsistica, qualora la media mobile a 40 giorni, linea di Forza, abbia superato al rialzo la media mobile a 260 giorni, linea di Stop (punto 1 del trading system);

- l'ultimo valore disponibile della media mobile a 260 giorni, calcolato alla chiusura del giorno precedente, nei casi in cui il prezzo di mercato l'abbia violata al ribasso (punto 5 del trading system);
- l'ultimo valore disponibile della media mobile a 40 giorni, calcolato alla chiusura del giorno precedente, nei casi in cui il prezzo di mercato l'abbia varcata al rialzo (punto 6 del trading system).

Tali prezzi sono stati utilizzati a scopo esemplificativo e vanno di conseguenza intesi come puramente indicativi. In un'eventuale messa in atto pratica i prezzi reali di trading divergerebbero in una certa misura, in più o in meno a seconda delle circostanze, rispetto ai prezzi teorici sopra citati.

Per entrambe le medie impiegate, rispettivamente a 40 e 260 giorni, si intendono i giorni non di calendario ma di operatività borsistica, che in pratica corrisponderanno a un periodo di calendario più lungo. Infatti settimanalmente i giorni di apertura della Borsa, salvo festività infrasettimanali, sono cinque, per cui quaranta giorni si sviluppano su otto settimane di calendario, ossia circa due mesi. Duecentosessanta giorni di operatività coincidono invece suppergiù con un anno di calendario.

Calcolare una media mobile è facilissimo. Ad esempio, per ricavare la media mobile a 5 giorni dei prezzi di chiusura di un prodotto finanziario è sufficiente dividere per 5 la somma dei prezzi di chiusura degli ultimi 5 giorni. Per esempio: (11,10+11,05+11,30+12,01+11,86)/5= 11,46. Il risultato ottenuto è la media semplice relativa agli ultimi cinque giorni.

La media diviene "mobile" perché il giorno successivo esce dal suo calcolo il prezzo del giorno più vecchio dei cinque precedentemente considerati e vi entra invece il prezzo del nuovo ultimo giorno. Quindi, riprendendo il calcolo sopra sviluppato, potremo avere una nuova media semplice mobile che diviene ad esempio pari a (11,05+11,30+12,01+11,86+12,30)/5= 11,70.

Minore è il numero di giorni utilizzato per il calcolo della media mobile, tanto più velocemente essa tenderà a conformarsi all'andamento del prezzo, che seguirà da vicino. Una media mobile calcolata su un numero di giorni maggiore tenderà invece a reagire più lentamente ai mutamenti del prezzo, che seguirà più da lontano.

Tali comportamenti sono facilmente osservabili nei nostri grafici. La media a 40 giorni cambia più rapidamente la propria direzione per seguire la linea del prezzo, mentre quella a 260 giorni risulta decisamente più lenta. Per questo quando la linea di Forza supera al rialzo la linea di Stop, significa che il prezzo è ben intonato, ossia è in un trend positivo, il che può indicare l'opportunità di acquistare il prodotto finanziario, nell'aspettativa che il trend prosegua.

Purtroppo però ciò potrebbe non avvenire, o cessare dopo un certo periodo, per cui il superamento al ribasso da parte del prezzo della linea più lenta, quella di Stop, ci potrà indicare l'opportunità di uscire dal trade, in modo da evitare di rimanere invischiati in eventuali inabissamenti delle quotazioni. In particolare, quando anche la media mobile più veloce, nel nostro caso quella a 40 giorni, scende al di sotto della media mobile più lenta, nel nostro caso quella a 260 giorni, ciò indica che il trend in atto è divenuto significativamente debole. Nei grafici si può rinvenire in diversi casi che, allorché la linea di Forza ha oltrepassato al ribasso quella di Stop, si è poi instaurato un periodo stabilmente negativo, durato molti mesi o perfino anni.

La lunghezza delle medie mobili sopra utilizzate, a 40 e 260 giorni, ha un valore indicativo. Ciascuno può scegliere, per qualsivoglia considerazione, una loro durata diversa, ad esempio 30 o 55 giorni per la linea di Forza e 150 o 200 giorni per quella di Stop.

In particolare, prima di decidere la lunghezza delle medie da utilizzare su uno specifico prodotto finanziario, è opportuno analizzarne gli esiti sui dati storici dello stesso. In questo modo è possibile verificare che al prodotto in questione non si adattino meglio, quanto meno teoricamente, altre medie di durata ad hoc.

In linea generale, va tenuto presente che minore è la durata di una media mobile, tanto più essa risponde velocemente alle variazioni di prezzo, ma proprio per questo possono più frequentemente generarsi falsi segnali. Per falsi segnali vanno intese le infrazioni del prezzo rispetto alle sue medie basate su oscillazioni occasionali, ovvero al di fuori di un effettivo e continuativo cambio di trend. Ciò può innescare operazioni di acquisto e vendita di breve durata, contraddittorie e improduttive.

Naturalmente, le medie mobili non costituiscono l'unico criterio su cui sia possibile basare un trading system avente per oggetto gli ETF. Al contrario, a tale scopo può venir utilizzato un numero altissimo, per non dire infinito, di parametri e tecniche di trading (indicatori, oscillatori, numeri di Fibonacci, onde di Elliott, canali dei prezzi, figure grafiche, candele giapponesi, frattali, trendline, ecc.), le stesse che sono applicabili sui titoli azionari, variamente combinabili tra loro.

SEGRETO n. 20: i trading system possono basarsi su diversi parametri e tecniche.

I sistemi di trading impostabili possono essere semplici, con pochi fattori che li guidano, anche uno solo, o estremamente complessi, secondo le necessità di utilizzo e le convinzioni di ciascuno.

Inoltre, sugli elementi da usare in un trading system può influire l'orizzonte temporale di riferimento, ossia entro quanto tempo ci si aspetta un ritorno dai propri investimenti. Un altro elemento che entra in gioco nella scelta del sistema è la quantità di tempo personale che si è nelle condizioni di poter dedicare all'attività di trading.

Ben difficilmente si riuscirà comunque a ottenere un trading system valido per qualunque prodotto finanziario, causa la peculiarità di andamento di ciascuno di essi, dovuta a molteplici fattori. Prima di associare un trading system a un prodotto finanziario occorre verificarlo approfonditamente tramite un'appropriata attività di "backtesting".

Quest'ultima consiste nell'esaminare come il trading system si sarebbe comportato nel passato sul prodotto finanziario in oggetto. Per fare ciò si deve disporre dei dati storici del prodotto. Va tenuto presente che il comportamento del trading system sui dati storici non assicura che rimarrà uguale e valido anche nel futuro. Tuttavia può fornire indicazioni plausibili, da monitorare poi però sempre attentamente nella loro applicazione pratica.

SEGRETO n. 21: attraverso il "backtesting" si può verificare se un metodo di trading sia teoricamente appropriato per un determinato ETF.

Può avvenire infatti che un trading system che fornisce risultati eccellenti per determinati prodotti si riveli invece controproducente per altri. Questa osservazione vale anche per le medie mobili, in particolare in presenza di prodotti finanziari a elevata volatilità, con un andamento contrassegnato da improvvisi e ripidi sbalzi. Chi lo desideri, può approfondire i modi d'uso delle medie mobili o di altri metodi di analisi tecnica tramite le molte pubblicazioni al riguardo disponibili sul mercato.

Chiunque decida di operare personalmente nel trading è fondamentale che lo faccia avendo uno o più seri metodi e tecniche di riferimento da seguire. In tal modo, eviterà d'investire e disinvestire a casaccio, riducendo così i rischi di perdite traumatiche.

Le strategie di trading e investimento implementabili sugli ETF possono essere di brevissimo, breve, medio o lungo periodo.

Quanto più un ETF è "liquido", cioè quanto più è trattato sul mercato, tanto più vi si può in linea teorica applicare un sistema di trading a breve termine. In ogni caso, l'orizzonte temporale delle operazioni di trading su un prodotto finanziario è a discrezione di chi investe, secondo le sue convinzioni e i suoi obbiettivi.

Tornando alle medie mobili, vi sono siti web, quali Borsa italiana (www.borsaitaliana.it) e Euroinvestor.it (www.euroinvestor.it), che consentono di ottenere automaticamente la rappresentazione di più medie mobili sul grafico di un qualunque ETF, o altro prodotto finanziario quotato. Al riguardo, basta impostare la lunghezza desiderata per la media mobile, in numero di giorni o altra unità di periodo.

Grazie ai grafici ricavabili su simili siti, si può ottenere immediatamente la percezione visiva dell'andamento del prezzo di un prodotto, su un arco di tempo variabile.

È possibile visualizzare grafici sugli ETF anche all'interno dell'interfaccia di trading utilizzata, tramite banca o società di trading specializzata. In genere però in questi casi il grafico è manipolabile, aggiunta di medie mobili incluse, attraverso un servizio a pagamento.

Un'altra possibilità di analisi dell'andamento di ETF è conseguibile autonomamente mediante un foglio elettronico sul proprio PC. Un foglio elettronico, in inglese chiamato spreadsheet, è un'applicazione che permette l'inserimento di dati, organizzati in righe e colonne, su cui sono effettuabili calcoli, anche complessi. Un foglio elettronico fornisce pure la possibilità di generare grafici dai dati in esso memorizzati.

Calc di OpenOffice.org è un foglio elettronico scaricabile gratuitamente dal sito www.openoffice.org. È compatibile con **Excel**, lo spreadsheet della Microsoft di cui occorre invece acquistare la licenza.

SEGRETO n. 22: il comportamento di un ETF può essere esaminato approfonditamente mediante un foglio elettronico (spreadsheet).

La Figura 6 riporta un esempio di dati e formule inseriti in un foglio elettronico Calc (in Excel le modalità sono simili) per calcolare le medie mobili a 40 e 260 giorni.

Figura 6: foglio elettronico con medie mobili prezzi a 40 e 260 giorni

A810

	A	B	C	D
793	14/12/10	120,54	126,74	124,17
794	15/12/10	120,72	126,47	124,18
795	16/12/10	120,38	126,22	124,18
796	17/12/10	120,47	125,96	124,19
797	20/12/10	121,26	125,70	124,20
798	21/12/10	120,86	125,45	124,21
799	22/12/10	121,21	125,24	124,22
800	23/12/10	120,97	125,03	124,22
801	27/12/10	120,59	124,79	124,22
802	28/12/10	121,29	124,56	124,23
803	29/12/10	120,57	124,31	124,24
804	30/12/10	121,35	124,05	124,25
805				
806	*Data*	*Prezzo ETF*	*Media a 40 giorni*	*Media a 260 giorni*

Come si vede, vi sono quattro colonne. La prima (colonna A) contiene le date (giorni) del alendario borsistico, la seconda (colonna B) i prezzi giornalieri di chiusura, la terza (colonna C) le medie mobili a 40 giorni calcolate e infine la quarta (colonna D) è quella delle medie mobili a 260 giorni calcolate.

L'immagine seguente evidenza con una freccia blu la formula di calcolo della media a 40 giorni dei prezzi per la cella 804 della colonna C.

Figura 7: formula calcolo media mobile a 40 giorni

C804 =MEDIA(B765:B804)

	A	B	C	D	E	F	G
793	14/12/10	120.54	126.74	124.17			
794	15/12/10	120.72	126.47	124.18			
795	16/12/10	120.38	126.22	124.18			
796	17/12/10	120.47	125.96	124.19			
797	20/12/10	121.26	125.70	124.20			
798	21/12/10	120.86	125.45	124.21			
799	22/12/10	121.21	125.24	124.22			
800	23/12/10	120.97	125.03	124.22			
801	27/12/10	120.59	124.79	124.22			
802	28/12/10	121.29	124.56	124.23			
803	29/12/10	120.57	124.31	124.24			
804	30/12/10	121.35	124.05	124.25			
805							
806	*Data*	*Prezzo ETF*	*Media a 40 giorni*	*Media a 260 giorni*			

L'immagine riprodotta in Figura 8 evidenza a sua volta la formula di calcolo della media a 260 giorni dei prezzi per la cella 804 della colonna D.

Figura 8: formula calcolo media mobile a 260 giorni

D804 =MEDIA(B545:B804)

	A	B	C	D	E	F	G
793	14/12/10	120.54	126.74	124.17			
794	15/12/10	120.72	126.47	124.18			
795	16/12/10	120.38	126.22	124.18			
796	17/12/10	120.47	125.96	124.19			
797	20/12/10	121.26	125.70	124.20			
798	21/12/10	120.86	125.45	124.21			
799	22/12/10	121.21	125.24	124.22			
800	23/12/10	120.97	125.03	124.22			
801	27/12/10	120.59	124.79	124.22			
802	28/12/10	121.29	124.56	124.23			
803	29/12/10	120.57	124.31	124.24			
804	30/12/10	121.35	124.05	124.25			
805							
806	*Data*	*Prezzo ETF*	*Media a 40 giorni*	*Media a 260 giorni*			

Nell'immagine di Figura 9 la freccia rossa verticale in alto a destra indica l'icona da cliccare per ricavare un grafico dai dati selezionati.

Figura 9: richiesta grafico in foglio elettronico

File Modifica Visualizza Inserisci Formato Strumenti Dati Finestra ?

Arial 10

A793:D804 =MEDIA(B545:B804)

	A	B	C	D	E	F	G	H	I
793	14/12/10	120,54	126,74	124,17					
794	15/12/10	120,72	126,47	124,18					
795	16/12/10	120,38	126,22	124,18					
796	17/12/10	120,47	125,96	124,19					
797	20/12/10	121,26	125,70	124,20					
798	21/12/10	120,86	125,45	124,21					
799	22/12/10	121,21	125,24	124,22					
800	23/12/10	120,97	125,03	124,22					
801	27/12/10	120,59	124,79	124,22					
802	28/12/10	121,29	124,56	124,23					
803	29/12/10	120,57	124,31	124,24					
804	30/12/10	121,35	124,05	124,25					
805									
806	Data	Prezzo ETF	Media a 60 giorni	Media a 260 giorni					

I grafici ottenibili possono essere di vario tipo (a colonna, a barra, a torta, a linea, a dispersione, a colonna e linea ecc.) e personalizzabili secondo diverse opzioni. Si possono creare e posizionare nello stesso foglio elettronico in cui si trovano i dati oppure in un altro.

Ecco riprodotto un possibile grafico ottenibile in maniera pressoché automatica.

Figura 10: esempio di grafico producibile in un foglio elettronico

	A	B	C	D
793	14/12/10	120.54	126.74	124.17
794	15/12/10	120.72	126.47	124.18
795	16/12/10	120.38	126.22	124.18
796	17/12/10	120.47	125.96	124.19
797	20/12/10	121.26	125.70	124.20
798	21/12/10	120.86	125.45	124.21
799	22/12/10	121.21	125.24	124.22
800	23/12/10	120.97	125.03	124.22
801	27/12/10	120.59	124.79	124.22
802	28/12/10	121.29	124.56	124.23
803	29/12/10	120.57	124.31	124.24
804	30/12/10	121.35	124.05	124.25
805				
806	*Data*	*Prezzo ETF*	*Media a 40 giorni*	*Media a 260 giorni*
807				
808				
809				
810				

Va da sé che per calcolare medie mobili o qualunque altro indicatore dinamico, nonché per visualizzare i grafici, occorre innanzitutto inserire nel foglio elettronico i dati di interesse, ossia i prezzi per il periodo desiderato.

I prezzi di chiusura degli ETF sono pubblicati ogni giorno su molti siti web, a partire da quelli di Borsa italiana (www.borsaitaliana.it) e dei principali quotidiani, in particolare quelli finanziari, quali *Il Sole 24 Ore* (www.ilsole24ore.com/) e *Milano Finanza* (www.milanofinanza.it). I prezzi così o in altro modo reperiti vanno riportati manualmente nel foglio elettronico.

I dati storici degli ETF possono venire scaricati in formato Excel da siti web d'informazione finanziaria, come Euroinvestor.it (www.euroinvestor.it) e, in taluni casi, anche dai siti delle società emittenti gli ETF, di cui riportiamo l'attuale elenco:

- Amundi (www.amundietf.com), Amundi Investement Solutions, società del gruppo Crédit Agricole/Société Général;
- Cs (www.csetf.com), Crédit Suisse;
- Db X-trackers (www.etf.db.com), Deutsche Bank;
- Etfx (www.etfsecurities.com), Etfx Fund Company;
- Ishares (www.ishares.com), iShares, BlackRock;
- Jpmorgan (www.jpmorgan.com), J. P. Morgan;
- Lyxor (www.lyxoretf.com), Société Général;
- PowerShares (www.invescopowershares.com), Invesco PowerShares;
- Rbs (www.rbs.com), Royal Bank of Scotland;
- Spdr (www.spdrs.com), State Street Global Advisors;
- Ubs (www.ubs.com), UBS.

RIEPILOGO DEL GIORNO 4:

- SEGRETO n. 18: nella compravendita degli ETF occorre considerare attentamente la potenziale "bontà" dei momenti di entrata e uscita.
- SEGRETO n. 19: per stabilire quando acquistare e vendere un ETF può essere opportuno valutare i segnali forniti da un "trading system".
- SEGRETO n. 20: i trading system possono basarsi su diversi parametri e tecniche.
- SEGRETO n. 21: attraverso il "backtesting" si può verificare se un metodo di trading sia teoricamente appropriato per un determinato ETF.
- SEGRETO n. 22: il comportamento di un ETF può essere esaminato approfonditamente mediante un foglio elettronico (spreadsheet).

GIORNO 5:
Come scegliere fra ETF e fondi comuni

Quale costa di meno?

Gli ETF sono fondi comuni d'investimento, o SICAV, quotati in borsa, indicizzati e a gestione passiva. Gestione passiva significa che l'attività del gestore di un ETF è limitata a far sì che esso replichi il più fedelmente possibile, come andamento, quello dell'indice benchmark di riferimento. Il gestore di un ETF non si pone quindi l'obbiettivo di "battere" il benchmark, ma solo di "clonarlo".

Ne deriva che l'attività di un gestore di ETF sia economicamente meno dispendiosa rispetto a quella di un gestore di fondo comune, il quale deve invece istituzionalmente sforzarsi di fare meglio dell'indice benchmark, ricercando e implementando le strategie che ritenga allo scopo più idonee.

Conseguenza di questo stato di cose è che gli ETF presentano un Total Expense Ratio (T.E.R. o TER) più basso in confronto ai fondi comuni. Il TER è la percentuale che esprime il rapporto tra il totale dei costi (commissioni di gestione e altre spese) che fanno capo a un fondo e il suo patrimonio netto. Le quotazioni dei fondi comuni pubblicate quotidianamente sono già al netto del TER, ossia sono già decurtate della percentuale da esso espressa.

Maggiore è il TER, cioè l'ammontare dei costi, più penalizzata sarà la performance netta del fondo, a scapito delle possibilità di guadagno del sottoscrittore. Ad esempio, se un fondo presenta un TER pari al 2%, un'investimento di 100.000 euro in quel fondo subirà annualmente un addebito, riscontrato nel valore della quota, di 2.000 euro.

Se il fondo è ben gestito, nell'anno il valore dei suoi asset potrà aumentare di più del 2% e quindi si produrrà un guadagno per i sottoscrittori. Va però da sé che minore è il TER, più facile è raggiungiungere guadagni consistenti.

All'atto pratico, il costo automaticamente sostenuto dall'investitore per il TER è proporzionale al periodo di effettiva detenzione del fondo o ETF. Per esempio, se un fondo o ETF presenta un TER annuale dello 0,50%, qualora lo si tenga in portafoglio solo sei mesi, il costo da sostenere rispetto al capitale sarà dello 0,25%, ossia 0,50/2.

Per avere un'idea più precisa delle differenze di costi annui di gestione fra ETF e fondi comuni, ecco a seguire i TER di alcuni ETF e fondi comuni omogenei come mercato di riferimento. I dati di TER sotto riportati sono quelli desumibili dai prospetti informativi dei prodotti; per i fondi comuni, sono stati utilizzati i TER relativi al 2010.

Comparto Azionario Italia

1. ETF:
    - Db-X-Trackers Ftse Mib Index Etf 0,30%
    - Ishares Ftse Mib 0,35%
    - Lyxor Etf Ftse Mib 0,35%
2. Fondi comuni:
    - Anima Italia 1,99%
    - Arca Azioni Italia 1,88%
    - Eurizon Focus Azioni Italia 2,01%

Comparto Azionario Paesi Emergenti

1. ETF:
    - Db-X-Trackers Msci Emerging Markets Etf 0,65%
    - Ishares Msci Emerging Markets 0,75%
    - Lyxor Etf Msci Emerging Markets 0,65%
2. Fondi comuni:
    - Anima Emerging Markets 2,29%
    - Arca Azioni Paesi Emergenti 2,11%
    - Eurizon Focus Azioni Paesi Emergenti 2,13%

Comparto Obbligazionario Euro

1. ETF:
    - Db X-Trackers Ii Iboxx Sover Euroz 5-7 0,15%
    - Ishares Barcap Euro Government Bond 7-10 0,20%
    - Lyxor Etf Euromts 15+Y 0,165%
2. Fondi comuni:
    - Anima Obbligazionario Euro 0,87%
    - Arca Obbligazioni Europa 1,22%
    - Eurizon Focus Obbligazioni Euro 1,03%

Da questi dati, risulta come il TER dei fondi comuni del comparto azionario Italia sia mediamente circa 6 volte superiore rispetto a quello degli ETF. Per il comparto azionario Paesi Emergenti il TER dei fondi comuni è invece in media circa tre volte maggiore di quello degli ETF. Per il comparto obbligazionario euro, il TER dei fondi comuni risulta mediamente circa sei volte più grande in confronto a quello degli ETF.

Le aree economiche, settoriali e geografiche interessate da fondi comuni ed ETF sono molte di più rispetto ai soli tre comparti sopra menzionati a titolo d'esempio. Il quadro qui fornito rende comunque un'idea efficace circa il livello generale di riduzione dei costi di TER che l'investitore ha con gli ETF rispetto ai fondi comuni.

Vi è peraltro da aggiungere che i costi espressi dal TER non sono gli unici cui i fondi comuni possono essere soggetti. Alcuni infatti prevedono commissioni d'ingresso e uscita estremamente variabili, ma che possono raggiungere anche alcuni punti percentuali.

Inoltre, vi sono fondi comuni che prevedono commissioni di performance qualora questa giunga a superare in una determinata misura l'indice benchmark di riferimento. Tali ulteriori costi non sono inclusi in quelli considerati nel TER, a cui sono pertanto da sommare. Si tratta di costi aggiuntivi non presenti sugli ETF.

SEGRETO n. 23: le principali voci di costo gravanti su un fondo comune sono costituite da costi di gestione, eventuali commissioni d'ingresso e uscita, eventuali commissioni di performance e commissioni di acquisto, rimborso e switch.

Un tipo di costo "implicito" che si ha con gli ETF, e non riguarda invece i fondi comuni, è costituito dalla differenza denaro-lettera, detta anche "spread bid-ask", "bid-offer spread" o, più succintamente, "spread". Tutti i titoli negoziati in borsa, ETF inclusi, lo sono tramite due prezzi: quello denaro (bid) e quello lettera (ask).

Alla base dello spread bid-ask vi è la differenza che al dato momento sussiste fra il più basso prezzo lettera a cui un operatore sul mercato è disposto a vendere un titolo finanziario, che può essere anche un ETF, e il più alto prezzo denaro che qualcun altro è disposto a pagare per quello stesso titolo.

Tali prezzi denaro-lettera sono reperibili in sede di trading online dal book ordini del titolo. In particolare, il più conveniente spread disponibile al dato momento per un ETF è quello ricavabile dal primo livello del suo book ordini. La formula per calcolarlo è la seguente: **%Spread = 100 * (PrezzoLettera – PrezzoDenaro) / PrezzoLettera**.

Ad esempio, lo spread di un titolo (ETF) che al dato momento presenti sul primo livello del book ordini un prezzo lettera di 101 e un prezzo denaro di 99 sarà pari a: 100*(101-99)/101 = 1,98%. Ciò significa che se si acquistasse un'azione di quel titolo a 101 (miglior prezzo lettera) e la si rivendesse immediatamente a 99 (miglior prezzo denaro), ci si rimetterebbe seduta stante l'1,98%.

Lo spread bid-ask costituisce pertanto un vero e proprio costo di trading, a cui va aggiunta la commissione per l'intermediario, variabile a seconda dell'intermediario scelto e del servizio di trading in uso.

A ogni ETF è associato sul mercato un market maker (specialist), che è il soggetto che incamera a proprio vantaggio il differenziale denaro-lettera, in cambio dello svolgimento della sua attività. Fra i suoi compiti rientra anche quello di mantenere il differenziale denaro-lettera entro un limite massimo prestabilito (max spread), dichiarato per ogni ETF sul sito di Borsa italiana, insieme con la quantità minima di azioni dell'ETF in proposta di acquisto e vendita che il market maker deve in ogni momento garantire sul mercato.

Il max spread può essere un parametro importante nella selezione di un ETF. All'interno di uno stesso mercato di riferimento, a livello di trading risulta più conveniente un ETF che, rispetto ai suoi concorrenti, offra uno spread più basso.

La presenza di più ETF nell'ambito di un singolo mercato e quindi una più accentuata concorrenza fra loro può giovare alla riduzione degli spread. A questo risultato può contribuire anche l'esistenza, accanto al market maker, di altri liquidity provider, ossia market maker senza obbligo di quotazione.

Come esempio di max spread, ecco quelli attuali degli ETF già considerati per il TER, quali risultanti dal sito di Borsa italiana.

Comparto Azionario Italia

- Db-X-Trackers Ftse Mib Index Etf 0,30%
- Ishares Ftse Mib 0,30%
- Lyxor Etf Ftse Mib 0,25%

Comparto Azionario Paesi Emergenti

- Db-X-Trackers Msci Emerging Markets Etf 2,00%
- Ishares Msci Emerging Markets 1,50%
- Lyxor Etf Msci Emerging Markets 3,00%

Comparto Obbligazionario Euro

- Db X-Trackers Ii Iboxx Sover Euroz 5-7 0,20%
- Ishares Barcap Euro Government Bond 7-10 0,30%
- Lyxor Etf Euromts 15+Y 1,00%

Da questi esempi emerge come i max spread possano essere molto variabili per ciascun ETF, anche all'interno di uno stesso settore di mercato. Va comunque tenuto presente che i max spread sono appunto tali e che normalmente lo spread che si incontra nelle contrattazioni di un ETF è inferiore, anche di molto, rispetto al max spread ufficiale dichiarato.

Mensilmente Borsa italiana pubblica sul suo sito web una tabella riportante gli spread medi nel periodo di tutti gli ETF raggruppati per comparto. Ecco alcuni degli spread medi relativi al mese di febbraio 2011, per contratti nella soglia di liquidità di 5.000 euro:

- Azionario Italia 0,09%
- Azionario Europa - Area 0,15%
- Azionario Mondo 0,15%
- Azionario Nord America 0,14%
- Azionario Pacifico 0,19%
- Azionario Emergenti - Mondo 0,21%
- Obbligazionario Corporate 0,09%
- Titoli di Stato - Euro 0,11%
- Titoli di Stato - Emergenti 0,30%
- Titoli di Stato - Mondo 0,40%

La componente di costo rappresentata dallo spread bid-ask è tanto più importante quanto minore è la durata del “giro” completo di compravendita, di cui il caso limite è la rivendita immediata di un titolo appena acquistato. Più a lungo si mantiene l'ETF in portafoglio e più diminuisce l'incidenza del costo dello spread, fino a divenire trascurabile sui lunghi periodi. Un esempio può chiarire questo aspetto.

Supponiamo di comprare nello stesso giorno un ETF e un fondo comune, entrambi attivi sul comparto azionario Italia. Supponiamo altresì che il TER annuo dell'ETF sia dello 0,30%, mentre quello del fondo comune del 2,00%. Entrambe le percentuali ipotizzate sono realistiche rispetto al mercato.

Prendiamo in considerazione il caso che si rivendano i due prodotti contemporaneamente dopo un mese, con uno spread sull'ETF dello 0,20%. Il costo per l'ETF, come percentuale sul capitale investito, sarà stato pari a: 0,30%/12 + 0,20% = 0,225%. Quello per il fondo comune: 2,00%/12 = 0,167%. In tal caso quindi il fondo comune sarà risultato meno costoso.

Supponiamo ora invece di rivenderli dopo sei mesi, anziché dopo uno solo. In questo caso avremo che il costo dell'ETF sarà pari a:

0,30%/12*6 + 0,20% = 0,35% e quello del fondo comune uguale a: 2,00%/12*6 = 1,00%. Come si nota, allungando il periodo di detenzione dei prodotti, l'ETF diventa meno costoso del fondo comune, nonostante il suo specifico costo di spread.

Eseguiamo in merito un'ultima proiezione, ipotizzando di rivendere entrambi i prodotti dopo tre anni. Il costo totale dell'ETF per tutto il periodo, stabilendo che l'ammontare del capitale netto investito rimanga costante, sarà di conseguenza pari a: 0,30%*3 + 0,20% = 1,10%, mentre quello del fondo comune diverrà pari a: 2,00%*3 = 6,00%. Si nota facilmente come il costo dell'ETF sia diventato, rispetto a quello del fondo comune, estremamente più conveniente (quasi -82%).

Si vede inoltre come il costo dovuto allo spread, nel primo caso, quello di un mese, abbia inciso per (0,20%/0,225%) l'88,89% sul costo dell'ETF. Nel secondo caso, i sei mesi, sia calato (0,20%/0,35%) al 57,14%, finché, nell'ultimo caso ipotizzato, il periodo triennale, l'incidenza dello spread sul costo dell'ETF sia diminuita (0,20%/1,10%) al 17,66%. Questi semplici calcoli confermano come lo spread possa nel lungo periodo divenire, su un ETF, una componente di costo secondaria o addirittura trascurabile.

In tutti gli esempi sopra esposti, si è peraltro considerato un fondo comune che, oltre al TER, non preveda costi d'ingresso, uscita e performance. Qualora invece nella realtà li prevedesse (soprattutto i primi due), allora la convenienza in termini di costi starebbe con ogni probabilità fin da subito dalla parte dell'ETF.

Negli esempi non sono state prese in considerazione le commissioni agli intermediari, perché variabili caso per caso.

SEGRETO n. 24: le principali voci di costo relative a un ETF sono rappresentate da commissioni di gestione, differenziale denaro-lettera nelle compravendite e commissioni di trading all'intermediario.

Sebbene le commissioni di gestione degli ETF, quali espresse dal TER, siano in genere nettamente inferiori a quelle dei fondi comuni, un confronto dei costi per l'investitore fra i due strumenti finanziari risulta complessivamente problematico. Ciò è dovuto alla varietà delle voci di costo in questione, spesso legate all'operatività effettiva dell'investitore, alla durata dell'investimento e alle specifiche condizioni commerciali praticate dai singoli fondi comuni e ETF.

Nell'ipotesi di mantenimento del titolo in portafoglio per periodi non brevi, la bilancia della convenienza in termine di costi dovrebbe pendere a vantaggio di un ETF. L'ETF risulterà probabilmente più conveniente anche su periodi brevissimi, qualora il fondo comune, sua possibile alternativa, preveda, oltre al TER, anche commissioni d'ingresso, uscita o di altro tipo.

SEGRETO n. 25: negli investimenti di lungo periodo un ETF risulta in genere meno costoso di un corrispondente fondo comune; l'ETF sarà probabilmente meno costoso anche nel breve periodo qualora il fondo comune preveda commissioni di entrata, uscita o performance.

Quale rende di più?

Sotto l'aspetto delle performance, invece, quale dei due strumenti produce risultati migliori? Per avere un'idea più precisa in merito, esaminiamo l'andamento, nel quadriennio 2007-2010, di due ETF basati sull'indice Ftse Mib di Borsa italiana e quello di tre fondi comuni azionari Italia.

Per via delle loro caratteristiche costitutive, gli ETF dovrebbero comportarsi in maniera molto simile a quella dell'indice Ftse Mib. I fondi comuni, al contrario, potrebbero muoversi in modo diverso e potenzialmente mostrare performance migliori dell'indice.

Infatti, i fondi comuni vengono istituzionalmente gestiti a questo scopo, oltre che con l'intento di limitare i danni in caso di caduta del mercato. Tutto ciò troverà conferma nei fatti? Controlliamo.

Cominciamo col primo grafico che incontriamo al riguardo: è quello dell'indice Ftse Mib stesso, che è riportato nella pagina seguente.

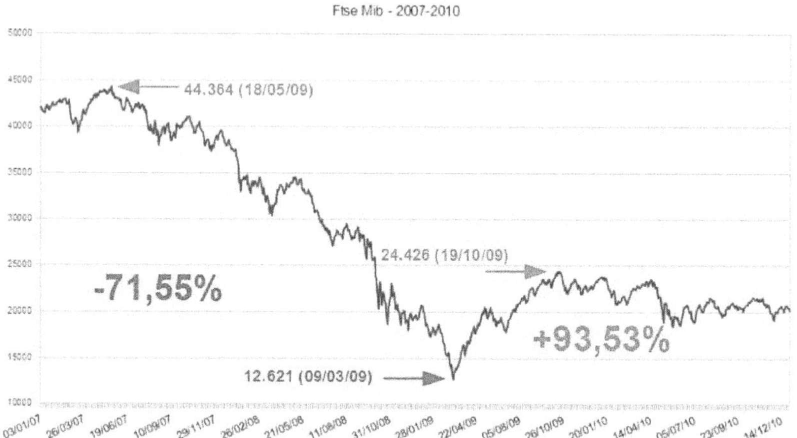

Dal grafico si ricava che l'indice ha registrato un andamento del tipo massimo1-minimo-massimo2. Tra il primo massimo e il minimo il valore è sceso del **-71,55%**, mentre tra il minimo e il secondo massimo si è avuta una crescita del **+93,53%**.

E i due ETF aventi l'Ftse Mib come indice di riferimento come si sono comportati? Come è possibile verificare nei grafici seguenti, nel periodo in esame, il Db-X-Trackers Ftse Mib Index Etf ha registrato un calo iniziale del **-71,32%** e un successivo aumento pari al **+96,33%**, con un andamento quindi molto simile a quello dell'indice (-71,55% e +93,53%).

Il Lyxor ETF Ftse Mib ha a sua volta avuto una diminuzione iniziale del **-71,51%**, cui è seguito un incremento pari al

+92,46%. Anche in questo caso quindi l'andamento si è mostrato pressoché corrispondente a quello dell'indice (-71,55% e +93,53%).

SEGRETO n. 26: gli ETF presentano un andamento molto vicino a quello dell'indice benchmark di riferimento.

Ora diamo un'occhiata a come si sono comportati i tre fondi comuni considerati:

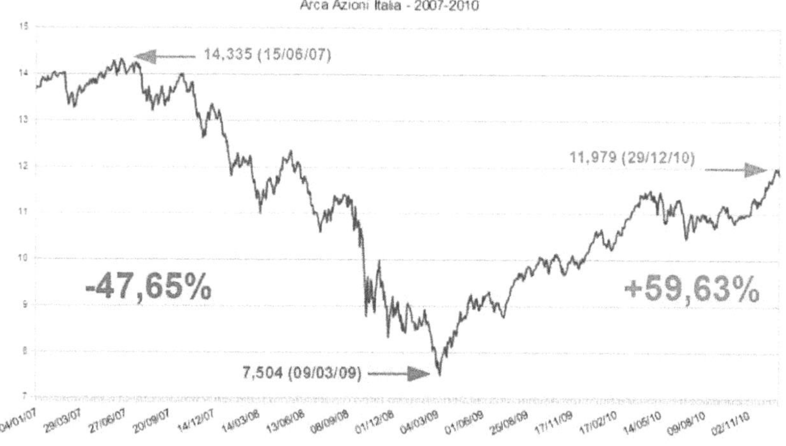

Il fondo comune Arca Azioni Italia di Arca SGR SpA ha manifestato un calo del **-47,65%** e una successiva ascesa pari al

+59,63%. L'andamento di questo fondo ha pertanto denotato un'intensità minore rispetto allo Ftse Mib (-71,55% e +93,53%) e agli ETF, nei picchi di riduzione e aumento. Ciò può essere ascrivibile alla politica di gestione degli asset attuata dal fondo.

In merito è da notare come, nel secondo semestre del 2010, la quota del fondo abbia avuto un convinto movimento verso l'alto, mentre l'Ftse Mib procedeva con passo incerto, così come gli ETF.

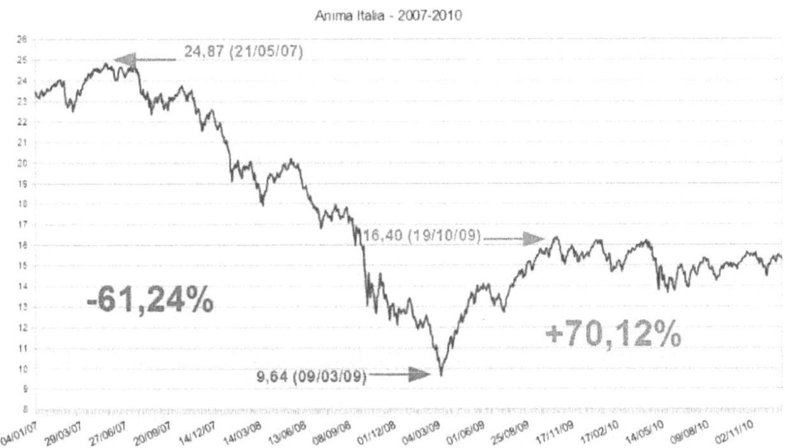

Il fondo comune azionario Anima Italia di Anima SGR SpA ha invece registrato oscillazioni più ampie del fondo comune Arca

Azioni Italia, ma comunque inferiori a quelle dell'indice Ftse Mib (-71,55% e +93,53%).

In particolare, la fase iniziale ha portato a una diminuzione del -**61,24%** delle quotazioni, mentre nella seconda parte del grafico si nota un incremento pari al **+70,12%**.

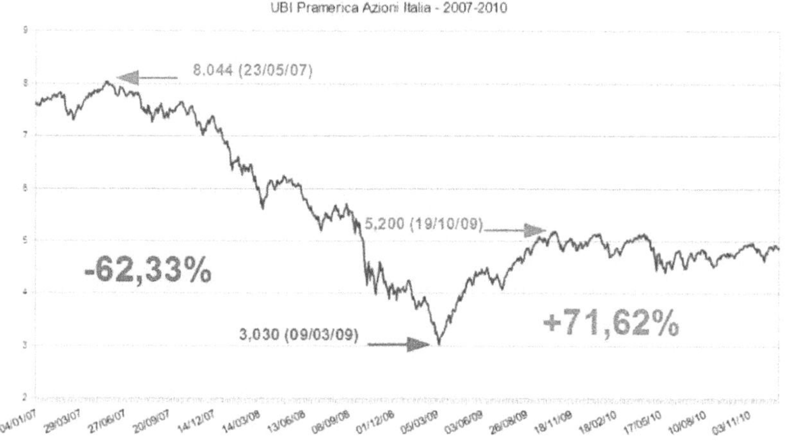

Per quanto riguarda il fondo comune azionario UBI Pramerica Azioni Italia, di UBI Pramerica SGR SpA, si riscontra nel grafico un andamento molto simile a quello del fondo comune Anima Italia. Infatti, il calo iniziale è stato del **-62,33%**, cui poi è seguita una crescita pari al **+71,62%**.

La tabella seguente evidenzia come l'andamento degli ETF sia stato molto simile a quello dell'indice di riferimento. I fondi comuni, invece, hanno avuto oscillazioni meno ampie, in funzione della composizione del loro portafoglio e della politica di trading dei rispettivi gestori.

Tipo Prodotto	*Nome Prodotto*	*% Calo Fase Iniziale*	*% Crescita Fase Successiva*
Indice	FTSE MIB	-71,55%	+93,53%
ETF	Db-X-Trackers Ftse Mib Index Etf	-71,32%	+96,33%
ETF	Lyxor ETF Ftse Mib	-71,51%	+92,46%
Fondo Comune	Anima Italia	-61,24%	+70,12%
Fondo Comune	Arca Azioni Italia	-47,65%	+59,63%
Fondo Comune	UBI Pramerica Azioni Italia	-62,33%	+71,62%

SEGRETO n. 27: in base alla strategia d'investimento dei loro gestori, l'andamento dei fondi comuni può discostarsi in diversa maggiore rispetto agli ETF dai benchmark di mercato.

I fondi comuni, pur all'interno della stessa area economica di intervento, possono quindi produrre risultati fra loro diversi.

Chiunque opti per investimenti in fondi comuni dovrebbe pertanto aver cura di selezionare quelli che in ciascuna categoria economica e settoriale abbiano dimostrato negli anni una costante bontà di performance, superiore a quella dei concorrenti.

Ciò, beninteso, non costituisce comunque garanzia di ripetizione nel futuro dei positivi risultati precedenti, ma fornisce in ogni caso un'indicazione di massima circa l'abilità d'investimento fin lì dimostrata dai loro gestori. Valutazioni e classifiche sulla qualità e l'andamento dei fondi comuni, e anche degli ETF, possono per esempio venir consultate sui siti www.bluerating.com e www.morningstar.it.

Simili considerazioni sui gestori sono meno rilevanti per gli ETF, poiché essi sono a gestione passiva ed è principalmente l'indice di riferimento a determinarne l'andamento. Tuttavia anche una gestione passiva richiede qualcuno che la attui e che in particolare riesca, ai minori costi, a replicare l'indice.

All'atto pratico, è pressoché impossibile che un ETF riesca a clonare in toto l'indice, a causa di diversi fattori, quali ad esempio i costi di gestione e la distribuzione dei dividendi che gravano sull'ETF e non sull'indice. Lo scostamento fra la performance dell'ETF e quella dell'indice viene definita "tracking error". Minore è tale scostamento, migliore sarà stato il lavoro svolto dal gestore dell'ETF.

Sebbene siano a gestione attiva, non è peraltro detto che tutti i fondi comuni, nonostante l'impegno dei loro gestori, riescano a realizzare performance migliori del mercato e degli indici. Per qualsivoglia ragione, inclusi eventuali costi maggiori, potrebbe anche avvenire il contrario.

SEGRETO n. 28: se ci si pone la scelta fra un fondo comune e un ETF relativi allo stesso segmento di mercato, può essere opportuno confrontare e valutare, oltre ai costi, anche le rispettive performance storiche.

Nelle fasi di crisi del mercato, anche in quelle più acute di collasso delle quotazioni, il risparmiatore/investitore può confidare sul fatto che il gestore di un fondo comune cercherà attivamente di frenare e ridurre la caduta, attraverso modifiche di portafoglio e altre strategie. Analogamente, il gestore tenterà di ottimizzare le fasi espansive, a vantaggio dei detentori delle quote del fondo comune. In entrambi i casi, non è però certo che ci riesca o ci riesca sempre nella misura auspicata.

D'altro canto le fluttuazioni di prezzo degli ETF, spesso più ampie di quelle dei fondi comuni, possono produrre potenziali occasioni di maggior guadagno (ma anche di maggior perdita).

Nella scelta fra un fondo comune e un ETF possono inoltre valere considerazioni d'ordine pratico. Ad esempio, nel caso di un fondo comune l'investitore non deve preoccuparsi di trovare un venditore o compratore per le proprie quote. È infatti il fondo stesso che svolge entrambe tali funzioni, attraverso le operazioni di sottoscrizione (acquisto delle quote da parte dell'investitore) e rimborso (vendita delle quote da parte dell'investitore).

Anche in presenza di un numero elevato di quote possedute, corrispondenti a un capitale consistente, l'investitore può "rivederle" in toto al fondo ogniqualvolta lo desideri, chiedendone il rimborso. L'operazione verrà doverosamente eseguita, tenendo conto del NAV stabilito dal regolamento del fondo.

Con gli ETF, invece, venditore o compratore vanno di volta in volta reperiti sul mercato, esattamente come avviene per qualsiasi altro tipo di titolo negoziato in borsa. Un compratore-venditore in realtà esiste sempre ed è il market maker dell'ETF. Tuttavia, in presenza di un ETF poco liquido, caratterizzato da uno scarno numero di movimentazioni giornaliere e da bassi volumi, si corre il rischio d'incorrere in uno spread denaro-lettera elevato.

Inoltre, se la quantità di quote da comprare o vendere è particolarmente consistente, può risultare più problematico trattarle ai prezzi desiderati.

Prima di selezionare uno specifico ETF, è quindi opportuno verificarne il livello abituale di movimentazione quotidiana, sia come numero di contratti eseguiti sia come loro entità (volumi). Questa osservazione è tanto più importante quanto maggiore è il capitale che si intenda investire nell'ETF.

Le informazioni sul numero di contratti mediamente eseguiti ogni giorno, nonché sulla loro grandezza, sono gratuitamente reperibili sul sito www.borsaitaliana.it, alla sezione ETF.

Un possibile criterio di scelta fra ETF e fondi comuni può essere rappresentato, in alcune occasioni, dal tipo di mercato che si vuole affrontare con il proprio investimento. Può difatti avvenire che un particolare segmento sia coperto da un ETF e non da un fondo comune, o viceversa. Questa seconda ipotesi è al momento la più probabile.

Infatti, i fondi comuni accessibili in Italia sono parecchie migliaia, mentre gli ETF, nonostante siano in costante aumento, sono a tutt'oggi alcune centinaia. A ogni modo, i principali mercati finanziari (liquidità, obbligazioni, azioni Italia, azioni Europa, ecc.), su cui tipicamente converge la maggior parte degli investitori privati italiani, sono ormai ben coperti dagli ETF con numerosi prodotti.

È bene inoltre tenere conto del fatto che gli ETF mettono a disposizione dell'investitore privato una facilità di utilizzo e strumenti finanziari che non sono accessibili con i fondi comuni.

Sotto il primo aspetto, gli ETF, come obbligazioni e azioni, sono da chiunque compravendibili in tempo reale in Borsa, attraverso un'interfaccia di trading online accessibile dal proprio PC. Sotto il secondo aspetto, danno trasparentemente accesso a funzionalità di leva finanziaria e di short selling (andamento inverso al mercato) impraticabili con i fondi comuni.

Si tratta evidentemente di prestazioni particolarmente adatte a investitori privati "online" di nuova generazione, maggiormente orientati a una gestione autonoma e dinamica del proprio capitale, piccolo o grande che sia.

RIEPILOGO DEL GIORNO 5:

- SEGRETO n. 23: le principali voci di costo gravanti su un fondo comune sono costituite da costi di gestione, eventuali commissioni d'ingresso e uscita, eventuali commissioni di performance e commissioni di acquisto, rimborso e switch.
- SEGRETO n. 24: le principali voci di costo relative a un ETF sono rappresentate da commissioni di gestione, differenziale denaro-lettera nelle compravendite e commissioni di trading all'intermediario.
- SEGRETO n. 25: negli investimenti di lungo periodo un ETF risulta in genere meno costoso di un corrispondente fondo comune; l'ETF sarà probabilmente meno costoso anche nel breve periodo qualora il fondo comune preveda commissioni di entrata, uscita o performance.
- SEGRETO n. 26: gli ETF presentano un andamento molto vicino a quello dell'indice benchmark di riferimento.
- SEGRETO n. 27: in base alla strategia d'investimento dei loro gestori, l'andamento dei fondi comuni può discostarsi in diversa maggiore rispetto agli ETF dai benchmark di mercato.
- SEGRETO n. 28: se ci si pone la scelta fra un fondo comune e un ETF relativi allo stesso segmento di mercato, può essere

opportuno confrontare e valutare, oltre ai costi, anche le rispettive performance storiche.

GIORNO 6:
Come scegliere fra ETF e altri titoli

ETF vs. azioni

Sotto l'aspetto della contrattazione borsistica, un ETF è a tutti gli effetti equiparabile a un'azione (titolo azionario). Pertanto, si possono con esso compiere tutte le operazioni di trading applicabili a un'azione, incluse ad esempio la marginazione e la vendita allo scoperto.

Anche sotto l'aspetto commissionale vi è analogia fra gli ETF e le azioni, nel senso che a entrambi i tipi di prodotto vengono generalmente applicate dagli intermediari finanziari (banche o SIM) le medesime condizioni di costo a transazione. L'ammontare delle commissioni per eseguito varia in funzione dell'intermediario e del servizio di trading online che si utilizza.

Quest'ultimo può presentare diversi piani tariffari in base a numero di eseguiti, entità delle commissioni generate in un determinato periodo, eventuale degressività del piano commissionale, offerte promozionali sul trading e altro.

In raffronto all'acquisto diretto di azioni di singole società, l'investimento in un ETF azionario riduce però notevolmente il rischio emittente relativo alle aziende cui si riferiscono le azioni (l'ETF in sé non è soggetto al rischio emittente).

Ad esempio, se compro 5000 euro di azioni di due società, l'investimento complessivo risultante è di 10.000 euro. Se una della due aziende fallisce, perdo d'un colpo 5000 euro, cioè la metà del capitale investito.

Acquistando un ETF azionario per 10.000 euro, ho invece il mio capitale automaticamente suddiviso in azioni di decine di diverse società, secondo quanto previsto dall'indice benchmark di riferimento. Pertanto, anche in caso di fallimento o collasso delle quotazioni di una di queste, il mio capitale ne risentirà in misura minima, poiché per l'appunto è "spalmato" su molte aziende differenti.

SEGRETO n. 29: rispetto all'acquisto diretto di azioni di singole società, l'investimento in un ETF azionario riduce drasticamente il rischio emittente.

In alternativa all'ETF, per ottenere autonomamente un'analoga riduzione del rischio, potrei, anziché investire i miei 10.000 euro in due sole società, suddividerli sulle azioni, ad esempio, di quaranta società, il che significherebbe in media 250 euro per ciascuna. Ciò comporterebbe però un numero di operazioni elevatissimo, con conseguente esplosione dei costi commissionali totali.

Inoltre, dopo l'acquisto, diverrebbe necessario dedicare una mole di tempo enorme al monitoraggio e alla gestione delle molteplici azioni in portafoglio. Con un ETF invece questo problema viene risolto alla radice.

Se investo direttamente in molte azioni di diverse società, mi devo anche far carico della gestione dei loro dividendi periodici, ove previsti. Percepire dividendi azionari è estremamente piacevole, però se il numero di differenti società di cui detengo azioni nel mio portafoglio personale è elevato, può anche risultare in una certa misura oneroso. Infatti, si viene a creare una moltiplicazione di operazioni di "flusso di cassa", per ciascuna delle quali occorre di volta in volta stabilire il da farsi, decidendo ad esempio come si intende reinvestire il dividendo percepito. Tutto ciò innesca tra l'altro il costo di nuove commissioni.

Tramite un ETF questo elemento viene grandemente ridotto. Infatti un ETF che pratichi la distribuzione dei proventi, frutto dei dividendi delle azioni nel suo paniere, lo fa con periodicità annuale, semestrale o trimestrale. Di conseguenza, il numero di operazioni da dividendi risulta molto più basso, per un massimo di quattro all'anno nel caso di distribuzione trimestrale. Va ricordato peraltro che vi sono ETF che non effettuano la distribuzione dei dividendi, aggiungendoli invece al proprio patrimonio complessivo.

SEGRETO n. 30: in confronto alla gestione diretta di azioni di molteplici società, con un ETF azionario si ottiene una riduzione delle spese commissionali.

Le singole azioni possono venire acquistate non solo sulla Borsa italiana, ma anche accedendo online alle Borse estere. Operare direttamente sui mercati esteri comporta commissioni più elevate, anche come servizio di custodia titoli, cui si aggiunge il fatto di dover disporre di conti correnti bancari nella valuta delle azioni estere.

Inoltre, per compravendere degnamente azioni estere è richiesto un grado di competenza e conoscenza delle azioni di società francesi o americane o giapponesi o di altre parti del globo che probabilmente ben pochi comuni investitori privati posseggono.

Simili problemi non si presentano con un ETF basato su azioni internazionali, poiché esso si fonda su un paniere di azioni societarie estere, di una o più nazioni, già definite dall'indice di riferimento.

Inoltre, il prezzo di un ETF azionario armonizzato è sempre denominato in euro, per cui non è necessaria l'apertura di un conto corrente in altra valuta, anche se l'ETF ha come sottostante azioni extra-europee non in euro.

SEGRETO n. 31: anche quando trattino azioni non espresse in euro, gli ETF armonizzati non richiedono l'apertura di un conto corrente in valuta estera, a differenza di quanto avviene comprando direttamente azioni basate su valute non euro.

ETF vs. obbligazioni

Nel confronto fra ETF obbligazionari e obbligazioni singole valgono molte delle osservazioni già esposte per le azioni.

Per quanto riguarda le commissioni, i costi di compravendita di ETF obbligazionari e obbligazioni singole sono generalmente uguali, fatte salve eventuali politiche diverse da parte di qualche intermediario.

In confronto all'acquisto diretto di obbligazioni, l'investimento in un ETF obbligazionario riduce considerevolmente il rischio emittente, riferito alle aziende ed enti che emettono le obbligazioni (l'ETF in sé non è soggetto al rischio emittente). Il rischio emittente è particolarmente alto nel caso di società, Stati ed enti a basso rating, le cui finanze siano cioè notoriamente (ma a volte anche segretamente) dissestate.

Acquistando 10.000 euro di obbligazioni di due società, l'investimento complessivo risultante è di 20.000 euro. Se una della due aziende non si rivela in grado di rimborsare il capitale alla scadenza dell'obbligazione, perdo d'un colpo 10.000 euro, cioè la metà del capitale investito, fatti salvi eventuali tentativi successivi di recupero per via legale.

Comprando un ETF obbligazionario per 20.000 euro, trovo invece il mio capitale automaticamente suddiviso in obbligazioni di decine di diverse società, in base a quanto previsto dall'indice benchmark di riferimento. Pertanto, al verificarsi dell'eventuale fallimento o dell'insolvibilità finanziaria di una di tali società, il mio capitale ne viene scarsamente intaccato, appunto perché suddiviso su obbligazioni di tante aziende differenti.

A ulteriore diminuzione del rischio, vi è il fatto che un ETF non mantiene un titolo in portafoglio fino a scadenza, ma solo finché rientra nei parametri di duration stabiliti dall'ETF. Per esempio, nel caso di un ETF che preveda una durata massima residua dei titoli nel paniere di 5 anni, il gestore vende il titolo allorché la sua scadenza giunga a distare meno di questo tempo. Ciò comporta che il rischio di mancato rimborso da parte dell'emittente dell'obbligazione risulti sensibilmente ridotto.

SEGRETO n. 32: rispetto all'acquisto diretto da parte dell'investitore di obbligazioni di singole società o enti, l'investimento in un ETF obbligazionario riduce di molto il rischio emittente.

In alternativa all'ETF obbligazionario, per ottenere autonomamente una comparabile riduzione del rischio tramite diversificazione, potrei, anziché investire i miei 20.000 euro nelle obbligazioni di sole due società, suddividerli sulle obbligazioni di, ad esempio, quaranta società, il che significherebbe in media 500 euro per ciascuna.

Così facendo mi troverei però a sostenere costi commissionali spropositati e sarei costretto a dedicare una quantità di tempo enorme alla gestione di un numero molto alto di operazioni. Per di più, dovrei anche monitorare l'andamento successivo di ciascuna obbligazione. Mediante un ETF obbligazionario questi problemi vengono invece rimossi.

Investendo direttamente in molte obbligazioni diverse, statali o aziendali, devo anche gestire gli interessi che su di esse maturano periodicamente. Incassare interessi da obbligazioni è prassi evidentemente gratificante. Però se il numero di differenti obbligazioni nel portafoglio personale è alto, simili accrediti di interessi possono comportare una qualche onerosità.

Infatti, si viene a creare una moltiplicazione di operazioni di "flusso di cassa", per cui si deve di volta in volta stabilire il da farsi sull'interesse percepito, ad esempio sul modo in cui si intende reinvestirlo, il che può avere come conseguenza il costo di nuove commissioni.

Tramite un ETF obbligazionario questo fattore viene grandemente ridotto. Infatti un ETF obbligazionario che pratichi la distribuzione dei dividendi, frutto degli interessi maturati sulle obbligazioni nel suo paniere, lo fa con periodicità annuale, semestrale o trimestrale. Ne deriva che il numero di operazioni da interessi si riduca a un massimo di quattro all'anno. Esistono altresì ETF obbligazionari che non praticano la distribuzione degli interessi e che li immettono invece nel loro patrimonio globale.

SEGRETO n. 33: in raffronto alla compravendita diretta di obbligazioni di molteplici società, enti o paesi, con un ETF obbligazionario si ottiene una riduzione delle spese commissionali.

Come per le azioni, le singole obbligazioni possono venire acquistate non solo sulla Borsa italiana, ma anche accedendo online alle borse estere. Operare direttamente sui mercati esteri comporta commissioni più elevate, anche come servizio di custodia titoli, cui si aggiunge il fatto di dover disporre di conti correnti bancari nella valuta delle obbligazioni estere.

Inoltre, per compravendere degnamente obbligazioni estere è richiesto un grado di competenza e conoscenza delle stesse che ben pochi investitori privati retail possono vantare.

Simili problemi non si hanno con un ETF basato su obbligazioni internazionali, poiché esso si fonda su un paniere di obbligazioni estere, di uno o più paesi, già definite dall'indice di riferimento. In aggiunta, un ETF che includa nel proprio paniere obbligazioni estere di diverse nazioni fa sì che si riduca proporzionalmente il "rischio paese". Tale rischio aumenta allorché le finanze di uno Stato risultino dissestate, il che provoca sui mercati la caduta dei prezzi delle obbligazioni del paese in questione.

SEGRETO n. 34: il prezzo di un ETF obbligazionario armonizzato è sempre denominato in euro, per cui non è necessaria l'apertura di un conto corrente in altra valuta, anche se l'ETF ha come sottostante obbligazioni non in euro.

ETF vs. ETC e ETN

Gli ETF sono negoziati nell'ambito del mercato **ETFplus** di Borsa italiana. Oltre agli ETF, in tale mercato sono trattati anche gli **ETC** e gli **ETN**. La somiglianza degli acronimi dei tre tipi di prodotto porta a volte taluni a ritenere che si tratti in sostanza "della stessa cosa" o che le differenze fra di essi siano marginali. Ciò non è vero.

A dispetto della somiglianza fra gli acronimi, ETC e ETN esprimono infatti differenze notevoli rispetto agli ETF, delle quali è opportuno aver conoscenza per poter investire consapevolmente.

ETC è l'acronimo di **Exchange Traded Commodities**, ossia "materie prime negoziate in borsa". Tramite gli ETC è possibile investire su una materia prima (oro, argento, petrolio, alluminio, grano, bestiame ecc.) o su un insieme di materie prime. L'investimento in materia prima può essere effettuato dalla società emittente l'ETC sia direttamente, ossia acquistando la materia prima, sia indirettamente, attraverso prodotti finanziari derivati.

Un ETC replica passivamente l'andamento della materia prima o di un indice a essa legato. Sotto questo aspetto, si comporta come un ETF, che replica anch'esso l'andamento di un indice, avendo però l'obbligo normativo di diversificazione del sottostante. Come gli ETF, gli ETC vengono negoziati in Borsa allo stesso modo dei titoli azionari.

La differenza fondamentale fra un ETF e un ETC risiede nel fatto che il primo è a tutti gli effetti un fondo comune d'investimento o una SICAV e, come tale, è soggetto alla normativa europea UCITS III relativa agli OICR, gli organismi d'investimento collettivo del risparmio. Tale normativa prevede fra l'altro la diversificazione del portafoglio del fondo e inoltre, punto fondamentale, stabilisce la separazione del patrimonio del fondo da quello della società che lo emette.

Ciò significa che, anche se la società emittente dovesse fallire, il fondo rimarebbe salvo, appunto perché autonomo e separato da essa, ovvero, in termini tecnici, "segregato" e "non aggredibile". In sintesi, con un ETF l'investitore non corre il "rischio emittente".

Ciò non vale invece per un ETC. Esso infatti non è un fondo OICR ma un'obbligazione, simile a un'obbligazione zero coupon senza scadenza. Se fallisce la società che lo emette, l'investitore può pertanto perdere il capitale impiegato.

Questo rischio viene affrontato da diverse società emittenti predisponendo per i loro ETC un "collaterale". Quest'ultimo consiste nella costituzione di un fondo o conto o deposito separato "di garanzia", che copre il valore delle azioni in circolazione. La composizione del collaterale di garanzia può variare da ETC a ETC. Può infatti essere costituito da materia prima o da uno strumento finanziario di valore corrispondente. È quindi importante leggere attentamente il prospetto informativo di un ETC e verificare se su di esso sia praticata la collateralizzazione, in che forme e modalità, prima di acquistarlo.

Mediante gli ETC è possibile espandere i pròpri obbiettivi d'investimento, intervenendo direttamente nel mercato delle materie prime. Come sempre del resto, è comunque raccomandabile approfondire e comprendere bene le caratteristiche di questo strumento finanziario, spesso poco conosciuto, prima eventualmente di utilizzarlo.

ETN è invece l'acronimo di **Exchange Traded Notes**, ossia note (titoli) negoziati in borsa. Gli ETN sono simili agli ETC. Anzi, gli ETC sono in pratica degli ETN caratterizzati dal fatto d'incentrarsi soltanto sulle materie prime.

Gli ETN possono replicare l'andamento di prodotti o indici della più varia natura, il che amplia ulteriormente i settori di intervento accessibili a un investitore.

ETF, ETC e ETN vengono globalmente definiti con il termine **ETP**, ovvero **Exchange Traded Products**. Ciò non deve però far dimenticare le sopra descritte differenze sostanziali esistenti fra gli ETF e gli altri Exchange Traded Products.

SEGRETO n. 35: a differenza degli ETF, ETC e ETN non sono fondi comuni ma obbligazioni zero coupon senza scadenza, soggette al "rischio emittente".

Gli ETC e ETN trattati su Borsa italiana sono riportati di seguito, suddivisi per segmenti omogenei:

- **Bestiame**

  Etfs Lean Hogs; Etfs Live Cattle.
- **Energia**

  Db Brent Crude Oil Euro Hedged Etc; Db Energy Booster Euro Hedged Etc; Db Natural Gas Booster Euro Hedged Etc; Etfs Brent 1mth Oil Securities; Etfs Crude Oil; Etfs Forward Natural Gas; Etfs Gasoline; Etfs Heating Oil; Etfs Natural Gas; Etfs Wti 2mth Oil Securities; Lyxor Etn Oil.
- **Metalli industriali**

  Etfs Aluminium; Etfs Copper; Etfs Nickel; Etfs Zinc.

- **Metalli preziosi**

  Db Physical Gold Etc (Eur); Db Physical Gold Euro Hedged Etc; Db Physical Palladium Euro Hedged Etc; Db Physical Platinum Euro Hedged Etc; Db Physical Silver Etc (Eur); Db Physical Silver Euro Hedged Etc; Etfs Gold; Etfs Gold Bullion Securities; Etfs Physical Gold; Etfs Physical Palladium; Etfs Physical Platinum; Etfs Physical Pm Basket; Etfs Physical Silver; Etfs SilverLyxor Etn Gold.

- **Prodotti agricoli**

  Db Agriculture Booster Euro Hedged Etc; Etfs Coffee; Etfs Corn; Etfs Cotton; Etfs Soybean Oil; Etfs Soybeans; Etfs Sugar; Etfs Wheat.

- **Indici di Commodities**

  Etfs Agriculture Dj-Ubsci; Etfs All Commodities Dj-Ubsci; Etfs Energy Dj-Ubsci; Etfs Ex-Energy Dj-Ubsci; Etfs Forward Agriculture Dj-Ubsci-F3; Etfs Forward All Commodities Dj-Ubsci-F3; Etfs Forward Energy Dj-Ubsci-F3; Etfs Forward Ex-Energy Dj-Ubsci-F3; Etfs Forward Grains Dj-Ubsci-F3; Etfs Forward Industr Metals Dj-Ubsci-F3; Etfs Forward Livestock Dj-Ubsci-F3; Etfs Forward Petroleum Dj-Ubsci-F3; Etfs Forward Softs Dj-Ubsci-F3; Etfs Grains Dj-Ubsci; Etfs

Industrial Metals Dj-Ubsci; Etfs Livestock Dj-Ubsci; Etfs Petroleum Dj-Ubsci; Etfs Precious Metals Dj-Ubsci; Etfs Softs Dj-Ubsci.

- **ETC Leveraged**

  Etfs Leveraged Agriculture Dj-Ubsci; Etfs Leveraged All Commodities Dj-Ubsci; Etfs Leveraged Aluminium; Etfs Leveraged Copper; Etfs Leveraged Crude Oil; Etfs Leveraged Gold; Etfs Leveraged Natural Gas; Etfs Leveraged Platinum; Etfs Leveraged Silver; Etfs Leveraged Wheat.

- **ETC Short**

  Db Monthly Short Gold Eur Hedged Etc; Db Monthly Sht Brent Crude Oil Eur Hed; Etfs Short Agriculture Dj-Ubsci; Etfs Short All Commodities Dj-Ubsci; Etfs Short Aluminium; Etfs Short Copper; Etfs Short Crude Oil; Etfs Short Gold; Etfs Short Natural Gas; Etfs Short Platinum; Etfs Short Silver; Etfs Short Wheat; Lyxor Etn Short Gold; Lyxor Etn Short Oil.

RIEPILOGO DEL GIORNO 6:

- SEGRETO n. 29: rispetto all'acquisto diretto di azioni di singole società, l'investimento in un ETF azionario riduce drasticamente il rischio emittente.
- SEGRETO n. 30: in confronto alla gestione diretta di azioni di molteplici società, con un ETF azionario si ottiene una riduzione delle spese commissionali.
- SEGRETO n. 31: anche quando trattino azioni non espresse in euro, gli ETF armonizzati non richiedono l'apertura di un conto corrente in valuta estera, a differenza di quanto avviene comprando direttamente azioni basate su valute non euro.
- SEGRETO n. 32: rispetto all'acquisto diretto da parte dell'investitore di obbligazioni di singole società o enti, l'investimento in un ETF obbligazionario riduce di molto il rischio emittente.
- SEGRETO n. 33: in raffronto alla compravendita diretta di obbligazioni di molteplici società, enti o paesi, con un ETF obbligazionario si ottiene una riduzione delle spese commissionali.
- SEGRETO n. 34: il prezzo di un ETF obbligazionario armonizzato è sempre denominato in euro, per cui non è

necessaria l'apertura di un conto corrente in altra valuta, anche se l'ETF ha come sottostante obbligazioni non in euro.

- SEGRETO n. 35: a differenza degli ETF, ETC e ETN non sono fondi comuni ma obbligazioni zero coupon senza scadenza, soggette al "rischio emittente".

GIORNO 7:
Come andare più veloci e al contrario

Cambio di marcia

Vi sono ETF sui quali i movimenti di mercato vengono amplificati tramite la leva finanziaria. Si tratta di una caratteristica propria di una tipologia di ETF strutturati, gli **ETF leveraged**, che è totalmente trasparente all'investitore. Ciò significa che se quest'ultimo vuole sfruttare l'effetto leva può acquistare un ETF a tal fine predisposto.

Per l'investitore, non vi è alcuna differenza operativa fra il compravendere un normale ETF e uno strutturato. I tecnicismi che stanno alla base di questi ultimi gli rimangono celati: l'investitore deve unicamente badare al prezzo di acquisto e di vendita, come in una qualunque altra transazione finanziaria.

L'effetto leva comporta che, se un indice di mercato ha una variazione pari a X, il prodotto finanziario che vi si riferisce ha una variazione pari a 2 volte X, se 2 è l'effetto leva a esso connaturato. Gli effetti leva di un ETF possono essere anche di entità differente. In ogni caso, comunque, causa diversi fattori tecnici e matematici, la leva effettiva non è mai esattamente corrispondente a quella teorica dichiarata.

L'effetto leva accentua considerevolmente l'entità delle escursioni di prezzo. Di conseguenza esso moltiplica gli aumenti di valore e i potenziali guadagni nei periodi di mercato positivi. Si tenga però ben presente che analogamente esso moltiplica anche i cali di valore e le potenziali perdite nei periodi di mercato negativi. Gli ETF a leva vanno pertanto valutati ed eventualmente utilizzati con grande cautela.

Per comprendere in concreto cosa voglia dire utilizzare un ETF a effetto leva, confrontiamo di seguito l'andamento, per i dodici mesi compresi fra l'1 luglio 2008 e il 30 giugno 2009, di due ETF aventi come riferimento l'indice Ftse Mib di Borsa italiana. Uno di questi è senza effetto leva, mentre l'altro ne è provvisto.

L'ETF senza effetto leva è il già considerato **Db-X-Trackers Ftse Mib Index Etf**, a distribuzione annuale dei dividendi, che, come abbiamo già avuto modo di dire, replica l'indice azionario Ftse Mib di Borsa Italiana.

Come è desumibile dal grafico, nell'intervallo di tempo esaminato l'ETF è passato da un prezzo d'inizio periodo, l'1 luglio 2008, pari a 29,99 euro a un minimo del 9 marzo 2009 di 12,80, con una diminuzione quindi del **-57,32%**. Al termine del periodo, il 30 giugno 2009, il prezzo è poi risalito a 20,11, con un aumento del **+57,11%** rispetto al minimo.

Vediamo ora invece come si è comportato nello stesso arco temporale il **Lyxor Etf Leveraged Ftse Mib**, anch'esso a distribuzione annuale dei dividendi, che mira a ottenere, nel limite massimo del 200%, un'esposizione giornaliera amplificata sia al rialzo sia al ribasso dell'indice FTSE MIB Total Return, indice che non risente degli stacchi dei dividendi.

In particolare, per la formula matematica utilizzata, l'esposizione realizzabile (effetto leva) risulta compresa tra un livello minimo del 150% e un livello massimo del 200%.

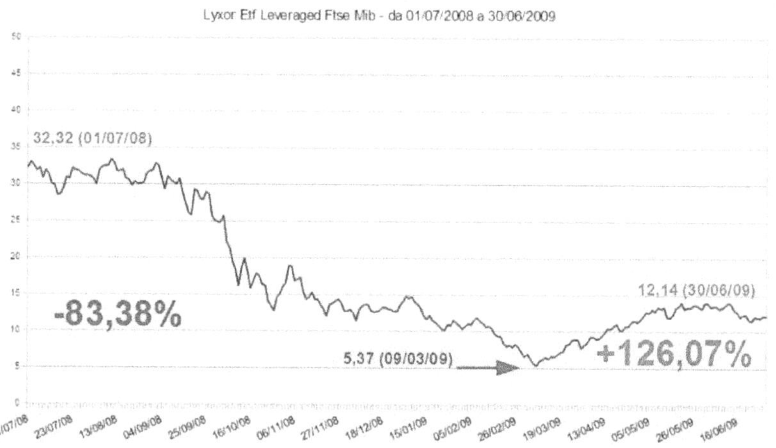

La linea dei prezzi di questo grafico risulta molto simile, pressoché sovrapponibile, a quella del precedente ETF. Tuttavia sono percentualmente molto più rilevanti le oscillazioni dei prezzi registrate con l'ETF leveraged. Infatti, il suo prezzo è passato da quello d'inizio periodo, l'1 luglio 2008, di 32,32 al minimo di 5,37 del 9 marzo 2009, con una flessione pertanto del **-83,38%** (contro il corrispondente **-57,32%** dell'ETF non leveraged). Il prezzo di fine periodo, il 30 giugno 2009, è poi risalito a 12,14, con una crescita rispetto al minimo pari al **+126,07%** (in confronto al corrispondente **+57,11%** dell'ETF non leveraged).

Gli ETF leveraged offrono quindi possibilità di guadagno anche parecchio superiori se paragonati agli ETF non leveraged. Però possono pure determinare perdite molto più consistenti. A ciascuno valutare se tali caratteristiche siano compatibili con la propria situazione finanziaria e i propri obbiettivi. Può comunque risultare sensato affermare come sia opportuno che i neofiti degli ETF e del trading non mettano con leggerezza a repentaglio il proprio capitale con strumenti soggetti a così ampie escursioni di prezzo.

Gli ETF leveraged che dilatano nella medesima direzione del mercato i movimenti dell'indice di riferimento sono definiti "long".

SEGRETO n. 36: gli ETF leveraged "long", ossia con effetto leva nella stessa direzione del mercato, moltiplicano i guadagni nei periodi positivi e purtroppo anche le perdite in quelli negativi; vanno quindi utilizzati con grande accortezza.

Gli ETF leveraged long negoziati sulla borsa italiana sono attualmente i seguenti:

- Amundi Etf Leveraged Dj Euro Stoxx 50;
- Amundi Etf Leveraged Msci Europe Daily;
- Amundi Etf Leveraged Msci Usa Daily;
- Db X-Trackers Euro Stoxx50 Lev Daily Etf;
- Db X-Trackers Ftse100 Lev Daily Etf;
- Db X-Trackers Levdax Daily Etf;
- Db X-Trackers S&P 500 2x Lev Daily Etf;
- Etfx Dax 2x Long Fund;
- Etfx Dj Euro Stoxx 50 Leveraged (2x);
- Etfx Ftse Mib Leveraged (2x) Fund;
- Lyxor Etf Euro Stoxx 50 Daily Leverage;
- Lyxor Etf Levdax;
- Lyxor Etf Leveraged Ftse Mib;

- Rbs Market Acc Estxx50 Monthly Leverage;
- Rbs Market Acc Leverage Ftse 100 Monthly;
- Rbs Market Acc Leverage Ftse Mib Monthly;
- Rbs Market Access Levdax X2 Monthly Etf;
- Rbs S&P Gsci Cappedcomp 2x Lev Mnthly.

Si può guadagnare anche quando il mercato va male

Un'altra categoria di ETF strutturati è rappresentata dagli **ETF "short"**. Gli ETF short attuano un andamento inverso rispetto a quello dell'indice di riferimento. In tal modo, quando l'indice di riferimento sale, il valore dell'ETF scende e, quando l'indice cala, l'ETF cresce. Questa caratteristica fa sì che si possa cercare di trarre profitto anche dalle fasi negative del mercato sottostante, ad esempio quando un indice di Borsa perde valore.

Un esempio pratico può come sempre aiutare a meglio chiarire il concetto. Più sopra abbiamo esaminato l'andamento del **Db-X-Trackers Ftse Mib Index Etf**, a distribuzione annuale dei dividendi, che replica l'indice azionario Ftse Mib di Borsa Italiana, per il periodo dall'1 luglio 2008 al 30 giugno 2009. In particolare, abbiamo visto come da inizio periodo al 9 marzo 2009 il prezzo dell'ETF abbia registrato una diminuzione del **-57,32%**, a cui è poi seguito a fine periodo un aumento del **+57,11%**. Ripresentiamo comunque qui il grafico per maggiore comodità di raffronto col successivo.

Vediamo ora come, nel medesimo arco temporale, si sia invece comportato il **Lyxor Etf Bear Ftse Mib**, a capitalizzazione dei dividendi, che si pone l'obiettivo di ottenere, entro il tetto massimo del 100%, un'esposizione giornaliera inversa sia al rialzo sia al ribasso dell'indice FTSE MIB Total Return. In particolare, per la formula matematica all'uopo utilizzata, l'esposizione inversa realizzabile con questo ETF varia tra un

minimo del 50% e un massimo del 100%.

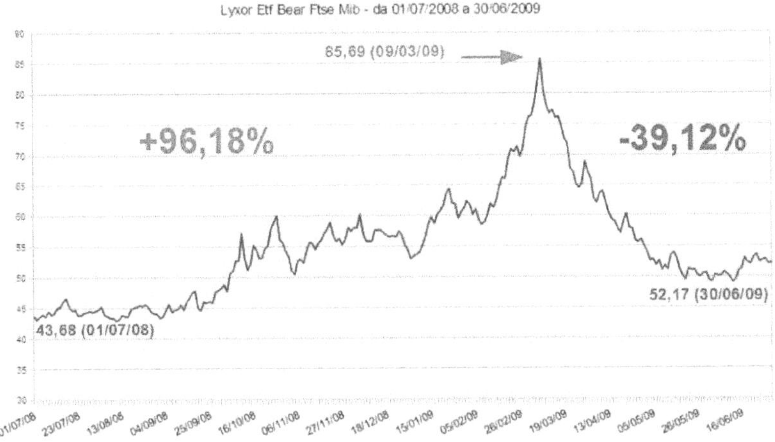

Come si ricava dal grafico, da inizio periodo al 9 marzo 2009 si è avuta una crescita di prezzo del **+96,18%** (contro il **-57,32%** dell'ETF non short) e da lì a fine periodo una successiva diminuzione del **-39,12%** (contro il **+57,11%** dell'ETF non short): risulta pertanto evidente come l'andamento di un ETF short proceda in maniera inversa rispetto a un ETF non short basato sullo stesso mercato.

Si noti però come le variazioni dei prezzi dei due ETF non siano fra loro specularmente simmetriche: si ha infatti un +96,18% contro un -57,32% e un -39,12% contro un +57,11%. Ciò è ascrivibile, oltre che a differenti pressioni domanda/offerta contingenti, anche a diversi fattori tecnici, fra cui il tipo di calcoli matematici cui si confà l'ETF short. Questa osservazione vale per gli ETF short in generale.

SEGRETO n. 37: gli ETF "short" procedono in direzione inversa rispetto al mercato di riferimento e possono quindi venire utilizzati per cercare di trarre profitto dalle sue fasi negative.

Qui vengono elencati, raggruppati per mercato di riferimento, gli ETF short attualmente trattati presso la Borsa italiana:

- **Azionario short (Paesi Emergenti)**
  Db X-Trackers Hsi Short Daily Etf (2c); Db X-Trackers Msci Emerg Mkt Short Daily.
- **Azionario short (Paesi Sviluppati)**
  Amundi Etf Short Dow Jones Euro Stoxx 50; Amundi Etf Short Msci Europe Daily; Amundi Etf Short Msci Usa Daily; Db X-Trackers Cac 40 Short Daily Etf; Db X-Trackers Euro Stoxx 50 Short Daily; Db X-Trackers Ftse 100 Short Daily Etf; Db X-Trackers S&P 500 Inverse Daily Etf; Db X-

Trackers Shortdax Daily Etf; Db X-Trackers Stoxx 600 Health Sht Daily; Db X-Trackers Stoxx 600 Tech Short Daily; Db X-Trackers Stoxx600 Banks Short Daily; Db X-Trackers Stoxx600 Oil&Gas Sht Daily; Db X-Trackers Stoxx600 Telecom Sht Daily; Db X-Trackers Stx600 Basresour Sht Daily; Db X-Trackers Stx600 Industr G Sht Daily; Db X-Trackers Stx600 Insurance Sht Daily; Db X-Trackers Stx600 Utilities Sht Daily; Lyxor Etf Bear Ftse Mib; Lyxor Etf Stoxx Eu 600 Banks Daily Short; Lyxor Etf Stoxx Europe 600 Daily Short; Lyxor Etf Stx Eu 600 Basic Res Daily Sht; Lyxor Etf Stx Eu 600 Oil&Gas Daily Sht; Lyxor Etf Stx Eu600 Automobile Daily Sht.

- **Obbligazionario short**

  Amundi Etf Short Govt Bond Euromts 1-3; Amundi Etf Short Govt Bond Euromts 10-15; Amundi Etf Short Govt Bond Euromts 3-5; Amundi Etf Short Govt Bond Euromts 5-7; Amundi Etf Short Govt Bond Euromts 7-10; Amundi Etf Short Govt Bond Euromts Broad; Db X-Trackers Ii Short Iboxx Sover Euroz.

Vi sono inoltre ETF short che sono anche leveraged, ossia

sfruttano l'effetto leva, in tal modo dilatando le variazioni inverse di un ETF short. Ad esempio, se il mercato di riferimento in un certo periodo sta perdendo il 10%, con un ETF leveraged short a effetto leva 2 si starà approssimativamente guadagnando il 20%. Viceversa, qualora il mercato di riferimento fosse in aumento del 10%, sull'ETF leveraged short si sarebbe indicativamente in calo del 20%.

Ad esempio di tutto ciò esaminiamo come, sempre per il periodo che va dall'1 luglio 2008 al 30 giugno 2009, si sia mosso il **Lyxor Etf Xbear Ftse Mib**. Si tratta di un ETF a capitalizzazione dei dividendi che si pone l'obiettivo di ottenere, entro il tetto massimo del 200%, un'esposizione giornaliera inversa (ossia in senso opposto) sia al rialzo sia al ribasso dell'indice FTSE MIB Total Return.

In particolare, alla luce della formula matematica allo scopo utilizzata, l'esposizione inversa realizzabile con questo ETF è compresa tra un minimo del 150% e un massimo del 200%.

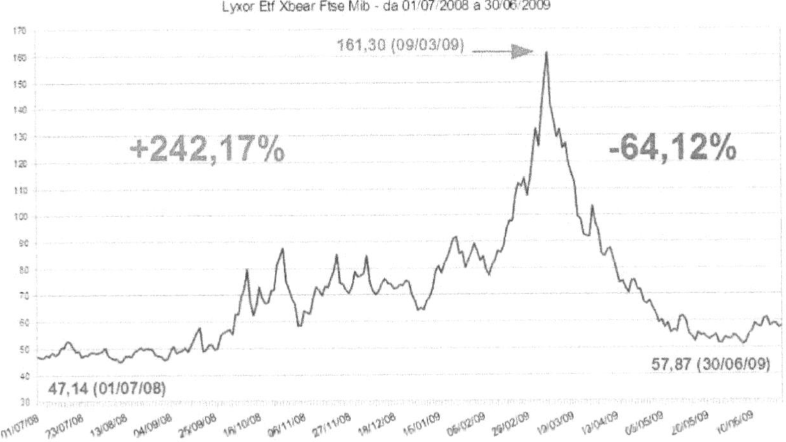

Dal grafico si evince che, da inizio periodo al 9 marzo 2009, l'ETF ha registrato una crescita di prezzo del **+242,17%** (contro il **+96,18%** dell'ETF short senza leva) e da lì a fine periodo un calo del **-64,12%** (contro il **-39,12%** dell'ETF short senza leva). Le escursioni di prezzo dell'ETF short leveraged sono pertanto state molto più pronunciate in confronto a quelle dell'ETF short senza effetto leva.

SEGRETO n. 38: gli ETF leveraged Short, cioè con effetto leva in direzione contraria al mercato, moltiplicano i guadagni nei periodi in cui le quotazioni del sottostante calano e le perdite in quelli in cui aumentano.

Gli ETF leveraged short trattati attualmente presso la Borsa italiana sono riportati a seguire, organizzati per aree generali di sottostante:

- **Azionario Leveraged Short**
  Db X-Trackers Eurstx50 Doubshrt Dai Etf; Db X-Trackers S&P500 2xinverse Daily Etf; Db X-Trackers Shortdax X2 Daily Etf; Etfx Dax 2x Short Fund; Etfx Dj Euro Stoxx 50 Double Short (2x); Etfx Ftse Mib Super Short Strategy (2x); Lyxor Etf Daily Shortdax X2 (A); Lyxor Etf Eurostoxx50 Daily Double Short; Lyxor Etf Xbear Ftse Mib; Rbs Leverage Short Ftse 100 Monthly; Rbs Leverage Short Ftse Mib Monthly; Rbs Market Acc Estxx50 Monthly; Double ShtRbs Market Acc Shortdax X2 Monthly; Rbs S&P Gsci Capped Comp 2x Inv Monthly.
- **Obbligazionario leveraged short**
  Lyxor Etf Daily Double Short Bund.

Per maggiore comodità comparativa, la tabella seguente riassume le percentuali di variazione dei quattro ETF sopra segnalati, per il periodo temporale considerato, ossia da inizio luglio 2008 a fine giugno 2009.

Tipo ETF	*Nome ETF*	*% Variazione Fase Iniziale*	*% Variazione Fase Successiva*
ETF non strutturato	Db-X-Trackers Ftse Mib Index Etf	-57,32%	+57,11%
ETF leveraged	Lyxor Etf Leveraged Ftse Mib	-83,38%	+126,07%
ETF short	Lyxor ETF Bear Ftse Mib	+96,18%	-39,12%
ETF short leveraged	Lyxor ETF Xbear Ftse Mib	+242,17%	-64,12%

RIEPILOGO DEL GIORNO 7:

- SEGRETO n. 36: gli ETF leveraged "long", ossia con effetto leva nella stessa direzione del mercato, moltiplicano i guadagni nei periodi positivi e purtroppo anche le perdite in quelli negativi; vanno quindi utilizzati con grande accortezza.
- SEGRETO n. 37: gli ETF "short" procedono in direzione inversa rispetto al mercato di riferimento e possono quindi venire utilizzati per cercare di trarre profitto dalle sue fasi negative .
- SEGRETO n. 38: gli ETF leveraged Short, cioè con effetto leva in direzione contraria al mercato, moltiplicano i guadagni nei periodi in cui le quotazioni del sottostante calano e le perdite in quelli in cui aumentano.

Conclusione

Come abbiamo visto, gli ETF sono prodotti finanziari di facile operatività. Infatti, grazie al trading online possono venire acquistati e venduti, con pochi click del mouse, anche dal proprio computer di casa o ufficio. Nonostante la semplicità operativa, gli ETF consentono di investire su un ampio ventaglio di funzionalità e settori finanziari, le cui complessità tecniche rimangono a carico della società che emette e gestisce il singolo ETF.

Una caratteristica importante degli ETF è che si tratta di fondi comuni o SICAV sottoposti alla direttiva europea UCITS III in tema di diversificazione e tutela degli investimenti. Ciò fa sì che essi risultino virtualmente privi di rischio emittente e presentino un rischio controparte ridotto.

Gli ETF sono fondi comuni indicizzati che replicano la performance di un indice finanziario (benchmark) di riferimento, il quale riflette l'andamento sui mercati di un paniere di azioni, obbligazioni o altri prodotti finanziari. A differenza dei fondi comuni, gli ETF sono compravendibili sul mercato borsistico con le stesse modalità che si applicano alle azioni. Non occorrono grandi capitali. Si può acquistare e vendere anche una sola quota di un ETF, il cui valore medio è di poche decine di euro. Questo aspetto pone gli ETF alla portata di ogni investitore.

Con gli ETF è possibile crearsi una rendita periodica. La politica di un ETF può difatti prevedere l'accumulo nel fondo dei proventi derivanti da dividendi azionari e interessi obbligazionari, oppure la loro distribuzione periodica agli investitori. Questi ultimi, oltre che con tali introiti, possono ottenere un guadagno anche rivendendo l'ETF a un prezzo superiore rispetto a quello di acquisto.

Va tenuto presente che gli ETF sono soggetti al rischio di mercato, consistente nel fatto che il valore delle loro quote possa scendere. Di conseguenza, vendendo un ETF a un prezzo per quota inferiore a quello di acquisto si incorre in una perdita.

Gli ETF sono caratterizzati da costi di gestione annuali inferiori rispetto ai fondi comuni tradizionali. Inoltre, non prevedono commissioni d'ingresso, uscita e performance, che possono invece gravare sui fondi comuni. Tuttavia, nell'operatività di breve periodo può assumere importanza il costo di trading dato dal differenziale di prezzo denaro-lettera. Si tratta di un costo che è assente nei fondi comuni.

Gli ETF possono venire utilizzati per strategie e obbiettivi d'investimento di breve, medio o lungo periodo. In base alle diverse tipologie di prodotti finanziari che ne possono costituire il sottostante, tramite gli ETF è possibile investire in una grande gamma di mercati, aree geografiche e settori economici, nonché disporre di funzionalità finanziarie avanzate.

Ad esempio, gli ETF strutturati leveraged dilatano di una o più volte l'andamento del mercato di riferimento, permettendo di moltiplicare i guadagni nelle fasi di mercato positive. Occorre però prestare attenzione al fatto che con essi risultano ampliate anche le perdite nelle fasi di mercato negative.

Gli ETF strutturati short forniscono invece un andamento inverso rispetto al loro sottostante e possono pertanto venire utilizzati per cercare di trarre profitto anche dai periodi di calo del mercato.

Online, sui siti delle società emittenti e su quello di Borsa italiana, sono accessibili i prospetti informativi di ciascun ETF. Il prospetto informativo di un ETF ne descrive le caratteristiche salienti, fra cui l'indice di riferimento, il tipo di sottostante, la percentuale di costo annuo e il livello di rischio. È pertanto opportuno leggere attentamente il prospetto informativo di un ETF prima di acquistarlo (questa osservazione è ovviamente valida per qualunque prodotto finanziario).

In aggiunta, sul sito web di Borsa italiana sono pubblicate per ogni ETF altre informazioni importanti, come ad esempio gli obblighi di negoziazione dei market maker, ed è opportuno prendere visione preliminare anche di esse.

Per fare trading sugli ETF è sufficiente disporre di un dossier (deposito) titoli presso un intermediario finanziario (banca o SIM). Tramite un PC, un notebook o altro dispositivo di connessione mobile, è quindi possibile collegarsi via internet al proprio portafoglio titoli, per semplice consultazione o per inserire le operazioni di acquisto e vendita di ETF desiderate.

www.ingramcontent.com/pod-product-compliance
Ingram Content Group UK Ltd.
Pitfield, Milton Keynes, MK11 3LW, UK
UKHW022022190726
13853UKWH00005B/2070

9 788861 7438